Reinhard Mohr

Generation Z

Reinhard Mohr

Generation Z

oder Von der Zumutung, älter zu werden

ARGON

Gesetzt aus der Minion und der Univers
Satz: Leslie Driesener, Berlin
Druck und Bindung: Clausen & Bosse, Leck
Printed in Germany
ISBN 3-87024-597-2

Inhalt

Dieser erschütternde Erfahrungsbericht über die Generation Z und die Zumutung, älter zu werden, stammt von einem 48-jährigen weißen, unverheirateten heterosexuellen Wessi-Mann, der seit ein paar Jahren in Berlin-Mitte lebt.

Schon diese harmlosen Tatsachen schränken den repräsentativen Charakter des vorliegenden Werkes ein. Dazu kommen individuelle Eigenarten wie die Liebe zu Frankreich, eine schwere Jugend in Frankfurt am Main und die Abneigung gegen Stollen mit Orangeade. Der Beruf des Journalisten, den der Autor ausübt, bringt weitere Besonderheiten mit sich. Kurz: Es handelt sich um einen durchaus subjektiven Bericht.

Dennoch ist zu hoffen, dass sich einige Leser hier und da wieder erkennen werden.

Reinhard Mohr
Berlin im August 2003

»Wir sprechen von unsrem Herzen, unsern Planen, als wären sie unser, und es ist doch eine fremde Gewalt, die uns herumwirft und ins Grab legt, wie es ihr gefällt, und von der wir nicht wissen, von wannen sie kommt noch wohin sie geht.«

Friedrich Hölderlin

»Parmesan und Partisan, wo sind sie geblieben?
Parmesan und Partisan, alles wird zerrieben.«

Matthias Beltz

»You are still young, that's your fault
Look at me, I'm old, but I'm happy.«

Cat Stevens

Generation Z oder Von der Zumutung, älter zu werden

Ein Vorwort

Eigentlich hätte alles einfach so weitergehen können. Von den üblichen Weltkatastrophen, Kriegen, Vulkanausbrüchen und Überschwemmungen abgesehen, lief es doch ganz prächtig in den letzten zehn Jahren. Man war nun, gegen alle Erwartung, wirklich und ganz unwiderleglich, erwachsen geworden, hatte, trotz aller Krisen und Anfechtungen, einen guten Job – und wohnte auch noch in Berlin, schön zentral in Mitte. Morgens mit dem Fahrrad an Synagoge und Lustgarten vorbei Richtung Friedrichstraße, Lachsbagel oder Sushi zum Lunch, und schon am frühen Nachmittag konnten einem Guido Westerwelle, Enie van de Meiklokjes oder Alfred Biolek auf der Straße begegnen. Manchmal saß auch Gerhard Schröder oder Frank Castorf am Nebentisch.

Auch für den Rest des Lebens galt: Die Sache läuft. Keine Radikalismen mehr, kein Extremismus (außer in der Beurteilung von Roger Willemsen und schlechtem Wein), dafür jede Menge gediegenes Mittelmaß, dem der Verrat an den alten Idealen kaum noch anzumerken war. Nur die staatlich geprüften Opportunismus-Sachverständigen der »taz« rochen immer noch zuverlässig den alten Schweinebraten, aus dem dies kroch.

So war ich, Teil der Generation Z wie »Zaungäste« – die 78er, man erinnert sich –, in meinen Vierzigern auf einem recht angenehmen Plafonds angekommen. Gemessen an der fiebrigen Krankheit der Jugend und den schier endlosen Wirrnissen, ihr zu entkommen, war dies nahezu ein buddhistischer Zustand.

Die Zahl der Frankreichreisen und Skiurlaube nahm weiter zu – oder verharrte auf hohem Niveau –, ebenso wie die Kosten für Logis, Speis und Trank, allerdings auch der Stress zwischendurch; kein richtiger Arbeitsstress, denn der inhaltliche Kern der Arbeit waren immer noch Selbstverwirklichung und sensible Hingabe an die Weltläufe, sondern jener subtile Alltagsstress, die eigene Lebensleistung im Wettbewerb der anderen Ich-Systeme immer wieder angemessen cool positionieren zu müssen. Das kann auf die Gesundheit gehen.

Doch auch diese Operation gelang einigermaßen, weil die Generation Z das ganze Leben lang kaum etwas anderes gemacht hat, als sich selbst zu kommunizieren und zu reflektieren.

Alles hätte also einfach so weiterlaufen können mit dem Programm der individualreformistischen Lebensoptimierung, wären da nicht immer wieder jene irritierenden Momente gewesen, die alles in ein anderes, erschreckendes Licht tauchten, die das kleine autobiographische Nirwana in Unruhe, ja Panik versetzen konnten.

»Jetzt kommen sie schon zum Sterben her!«, ätzte irgendein rotzfrech verschnupftes Techno-Wesen am Eingang eines jener Clubs, die am liebsten schon die dreißigjährigen Mitglieder der »Generation Golf« in den Party-Vorruhestand schicken würden. Man wollte es irgendwie gar nicht richtig gehört haben, wollte sich umdrehen, um zu schauen, wer da gemeint war. Doch da war niemand. Nur die jüngere Begleitung hielt in dieser schweren Sekunde die Sache einigermaßen im Lot. Aber das war noch nicht alles.

Beim Tanzen folgt der nächste Augenblick der Wahrheit: Plötzlich fällt – tausendmal ist nichts passiert – der routiniert unwillkürliche Blick auf die hübschesten Frauen im Umkreis von zehn Metern reflexhaft in sich zusammen und meldet sich vorschriftsgemäß bei der Abteilung »Kritische Selbstbeobachtung« im Großhirn. Kurz darauf verschafft sich aus dem tiefsten Inneren – Großhirn an Gewissen über Sprachzentrum – eine Stimme Gehör, die aus den gestanzten Dialogen schlechter Vorabendserien zu stammen scheint, und sagt volltönend im Klischee: »Die, die du da eben so intensiv angesehen hast, die könnte deine eigene Tochter sein.«

Das war's: ertappt. Der leise Einwand, da hätte man aber sehr früh anfangen müssen mit der Nachwuchsproduktion, verfängt nicht. Trotzdem ertappt. Schlimmer noch: selbst ertappt. Am allerschlimmsten: Man hätte es ja kommen sehen können. Doch offensichtlich hat das Frühwarnsystem versagt.

Ohne ausreichende Vorwarnung bin ich alt geworden.

Natürlich nicht wirklich alt. Kein Siebziger, kein Sechziger, nicht mal ein virtueller Riester-Rentner im abwartenden Dauer-Vorruhestand oder eine jener alterslos ausgebrannten Karteileichen jenseits von gut und böse. Nein, einfach nur Mitte bis Ende vierzig, definitiv in der zweiten Lebenshälfte, in der sich andere immerhin noch darauf vorbereiten, Bundeskanzler oder Talkshow-Moderator zu werden.

Gewiss, Millionen und Abermillionen Leidensgenossen weltweit überschreiten tagtäglich die magische Marke von vierzig plus x, doch ich hatte es nicht richtig bemerkt. Es kam nicht einmal ein blauer Brief von der EU-Kommission, Abteilung Verschlechterung der Alterspyramide.

Natürlich, Anzeichen hatte es genug gegeben. Immer häufiger schien ich unter den Ältesten in der Kneipe zu sein, und bei Festen mit alten Freunden, die man lange nicht gesehen hatte, blickte ich nicht selten in einen eher unangenehmen Spiegel vergleichender Anthropologie.

In manchen Veranstaltungshinweisen fürs hippe Szenepublikum entdeckte ich keine Silbe mehr, die mir bekannt vorkam, und an Samstagabenden sank der sichtbare Altersdurchschnitt auf dem Bürgersteig tatsächlich auf bedrohliche Werte knapp über zwanzig. Gleichwohl, Sehen und Begreifen sind zweierlei Dinge. Erst der Schock bringt beides zusammen.

Die Schockverarbeitungskapazität der Generation Z ist allerdings beträchtlich. Sie offenbart sich in einer über Jahrzehnte empirisch gewonnenen Lebensphilosophie, deren harter Kern aus einem Satz besteht: Das ganze Leben ist eine einzige Krise. Krise ist immer.

Was Wunder: Keine andere Generation hat ihre Jugend derart exzessiv ausgedehnt – bis in die späten Dreißiger hinein –, keine hat das Alter – und den Tod – derart hinter den Horizont jeder Vorstellungskraft verbannt. Deshalb konnte es auch niemals eine klassische Midlife-Crisis geben.

Zwischen analer Phase, Pubertät und Prostata-Vorsorge, zwischen Revolte und Rentenloch lag eine einzige Prärie überwältigender Unübersichtlichkeit, eine unendliche Abfolge von Krisengewittern, Depressionen und kurzen Schönwetterperioden, die gar keine Gelegenheit gab für die traditionelle Ordnung der Dinge. Die Existenz war ein einziges Experiment.

Nun ist die Situation da. Die restliche Lebenszeit scheint wie zusammengepresst – und ziemlich übersichtlich. Von hinten drückt der notorische Imperativ ewiger Jugend, von vorne droht die Perspektive aus Pflegeversicherung und »Essen auf Rädern«: Walter Benjamins »Engel der Geschichte«, eine Lieblingsfigur der Generation Z, stößt an die Grenze zur absoluten Gegenwart, die einfach nur noch Gegenwart ist und kein diffuses Versprechen irgendeiner Zukunft – weder Apokalypse noch Erlösung.

Pfeilschnell bewegen sich die Berufsjugendlichen von einst, ewige Adoleszenten irrlichternder Lebensgestaltung, auf ihre härteste Herausforderung zu: das tragische Herausfallen aus der entscheidenden Zielgruppe der Werbewirtschaft zwischen 14 und 49 Jahren. Dahinter wartet die Steppe der sozialen Randexistenz.

Oder ein neues, jedenfalls anderes Leben. Darum soll es hier gehen: um das Leben mit dem neuen Zeitgefühl. Und die Zeit drängt.

Jenseits der vierzig ist der Scheitelpunkt erreicht: Der Blick richtet sich nicht mehr voll wütender Hoffnung ins geliebt ungewisse Morgen, sondern auf die überraschende, uneinholbare Gegenwärtigkeit des Lebens. Carpe diem!, lautet die Devise, und der Zapp- und Zeitraffereffekt der Mediengesellschaft potenziert die antike Weisheit noch. Die Zeit rast davon, und doch spielt sich vieles immer auch gleichzeitig ab. Generationsabstände, Lebensphasen und die Intervalle modischer Trends verkürzen sich immer weiter.

Die veränderte Wahrnehmung rückt vieles in ein neues Licht: Man schaut genauer auch auf die schier unabänderlichen Rätselhaftigkeiten des Daseins: eine Art Mikrosoziologie des Alltags mit existenzialistischem Zoom-Effekt, der eine wachsende, doch schwer errungene Gelassenheit fördert.

Aufgeklärte Gegenwärtigkeit wird nun zur hohen Tugend: reine Lebenskunst. Keine unnötigen Umwege mehr, keine sinnlos verschwendete, verwahrloste Zeit.

Selbst ausgesprochen schlechte Morgenlaune wird zeitlich befristet. Langweilige Partys werden umgehend verlassen, schlechter Wein beim Stehempfang schon mal hinter die Büsche gekippt. Intensität steht im Vordergrund. Keine Zeit für schlechte Bücher. Dafür wird die Freude auf den nächsten Frühling umso mehr zelebriert. Natur wird immer wichtiger.

Die andere Seite: Plötzlich gibt es so etwas wie Autobiographie, gelebtes Leben, eine vorläufige Lebensbilanz. Denn die einstigen Dauerstudenten haben sich weithin selbst in Dozenten verwandelt. Mehr noch: Das eigene Leben ist nolens volens Teil der Zeitgeschichte geworden. Was vor einem Vierteljahrhundert passierte, steht im »Roten Kalender gegen den grauen Alltag« von 1977, dem abgegriffenen Ding mit den alten Seyfried-Comics. Es fehlt nur wenig, und man landet im TV-Zeugenstand von Fernsehdoktor Guido Knopp. Thema: »Der lange Treck zur Wirklichkeit. Das Tabu der Vertreibung aus der Utopie«.

Wie also steht es um die Sicht der Generation Z auf jene Gegenwart zu Beginn des 21. Jahrhunderts, die ihre transzendente Vorläufigkeit für immer verloren hat? Wie steht es um die eigenartigen Metamorphosen des Körpers, um das Verhältnis zu Politik, Zeitgeist und Lebensphilosophie? Wächst aus der Desillusionierung der geübten Zyniker womöglich neue Souveränität, neue Hoffnung, gar neues Glück? Was machen Beruf und Karriere in Zeiten der Ich-AG – und was jener Endlosroman der »Zweierbeziehung« mit eingebauter Entfernungspauschale, kurz: Wie sieht die schöne neue Welt der Generation Z aus?

Wir werden sehen.

1. Sind das etwa meine Hände? Menetekel des Älterwerdens

»Das wird nun auch nicht mehr besser.« Über körperlichen Verfall und die plötzliche Wichtigkeit von Routineuntersuchungen – Selbstkontrolle statt Chaos: Weniger ist mehr, und Disziplin ist alles – Gute Fette, schlechte Fette: Smalltalk ab vierzig – »Ich glaube, in die Disco können wir jetzt nicht mehr gehen …«: Die schmerzhafte Erkenntnis, zu den alten Säcken zu gehören – Zurück zur Natur, dem Ort der Vergangenheit – Plötzliche Lärmempfindlichkeit: Die ehemaligen Krawallbrüder beschweren sich – Wenn man selbst vielleicht der Nächste ist: Der Tod rückt näher – Sportlicher Ehrgeiz: Über den Willen, doch noch mitzuhalten – Weh dem, der den Rubikon zur Würdelosigkeit überschreitet!

Wann genau ich zum ersten Mal auf meinen Körper schaute und halblaut murmelte: »Das wird nun auch nicht mehr besser«, ist im Nachhinein nicht festzustellen. Es muss irgendwann in den Neunzigern gewesen sein. Gewiss, schon mit Anfang dreißig hatte eine Freundin im Freibad bemerkt, dass sich die einst sehr schlanke Figur durchaus mainstreammäßig weiterentwickelt hatte, und natürlich hatte es in der gesamten Zeit der Adoleszenz immer wieder Anlass zu scharfer Selbstkritik am äußeren Erscheinungsbild gegeben. Wer mag sich schon, wenn er einundzwanzig ist?

Doch stets war da die berechtigte Hoffnung auf Besserung: Pickel verschwanden, das Gesicht formte sich, die Bewegungen wurden souveräner und kompakter. Der Körper nahm Gestalt an. Es ging, Krise um Krise, aufwärts, und irgendwann war man mit dem eigenen Spiegelbild halbwegs ausgesöhnt.

Jahrzehnte später, inmitten der neunziger Jahre mit ihrem Jugend- und Schönheitswahn, ging es um etwas ganz anderes. Nun war kein Raum mehr für das Prinzip Hoffnung, erst recht nicht für den Gedanken, mit der Zeit würde das schon besser, etwa so, wie eine Wunde heilt oder ein Ekzem verschwindet. Nein, es würde nur noch schlechter werden.

Die Sanduhr läuft. Der Verfall hat längst begonnen. Und er wird immer sichtbarer. Unaufhaltsam.

Plötzlich spielt das Alter, lange Zeit nur eine abstrakte oder symbolische Zahl, wirklich eine Rolle. Ganz praktisch. Die physische Attraktivität, soweit vorhanden, war immer auch ein Schutz vor Zumutungen aller Art. Sie lieferte eine gewisse Grundsicherheit auch in turbulenten Augenblicken, natürliche Spannkraft gegen akute Spannungszustände. Ein Hüftschwung, der immun machte gegen die ganze Welt, ein Sprung übers Geländer, der Dynamik bezeugte. Ein Panzer gegen die Bedrängnisse des Alltags.

Nun wird der Panzer allmählich porös. Der kritischen Selbstbeobachtung entgeht nichts – von den Augenringen über Hüftfalten bis zu den Händen, bei denen man zuschauen kann, wie die Jahre vergehen.

Die entscheidende Zäsur aber: Die Perspektive hat gewechselt. Plötzlich, so scheint es, hat die Biologie die Macht übernommen, besser: biochemische Prozesse, die mit noch so viel Olivenöl, Magerquark und eingelegtem Ingwer nicht aufzuhalten sind – auch nicht mit Power-Walking, Ferien auf dem Bauernhof, Anti-Aging-Therapie mit Testosteronsalbe oder Entschlackungskuren in Südportugal (dort, wo man vor 27 Jahren auf der revolutionären Kooperative bei der Olivenernte geholfen hatte).

Der Weg ist vorgezeichnet: von der Revolte ins

Hormonloch. Männer, die früher mit ihrer Lederjacke geradezu verwachsen schienen und einen ziemlich coolen Gang hatten, klagen über Rückenprobleme und unmotivierte Schweißausbrüche, wiederkehrende Anfälle grundloser Müdigkeit, anhaltende Schlaflosigkeit und depressive Attacken.

Die unbegrenzte Verfügbarkeit der (körper-)eigenen Ressourcen ist nachhaltig angekratzt, Abwehrkräfte schwinden, und auch die geistige Präsenz leidet hier und da.

Der Sieg der Naturwissenschaften scheint überwältigend, die banale Empirie triumphiert über jede theoretische Spekulation. Von Kultur keine Spur mehr. Und: Diskutiert wird nicht, erst recht nicht abgestimmt.

Es ist diese stumme, zutiefst undemokratische Absolutheit, die so empörend ist für jene Generation Z, die doch gelernt hatte, über alles zu reden, um alles verändern zu können.

Hier wirkt eine Macht, die unhinterfragbar ist, die nicht einmal eine ladungsfähige Adresse hat. Kommunikation, Dialog, Diskurs, Verständigung, wenn es sein muss, ein runder Tisch, an dem alles zur Sprache kommt – nichts dergleichen.

Stattdessen häufen sich fast unmerklich die Arztbesuche, die Check-ups und die vergleichenden Beobachtungen im Wartezimmer wie beim Stehempfang, ein Reigen ganz eigener Art: Kontrolle statt Chaos.

Die Anarchie der unkontrollierten Nahrungsaufnahme und der exzessiven Kraftverschwendung bis tief in die Nacht weicht dem Regime der Selbstkontrolle. Jetzt erst begreife ich die Losung der Väter und Vorväter, die immer so schrecklich spießig klang: Das Wichtigste sei die Gesundheit.

Was sollte das schon sein – ein Leben in Gesundheit?

Doch schon als ich 35 war, hatte die Allgemeinärztin in Frankfurt-Sachsenhausen mich im Kreise jener jungen Alten begrüßt, um die sich ab sofort die Vorsorgepolitik der AOK kümmern werde. Zehn Jahre später ist die Vorsorgepolitik längst internalisiert und habituell geworden. Vorhandene hypochondrische Neigungen verstärken sich dabei, doch auch normal schmerzempfindliche Altersgenossen führen neben den bisherigen Termineintragungen – Donnerstag, 20 Uhr Simonetta im Pan Asia – eine zweite Liste, in der regelmäßig Urologen, Augenärzte, Internisten, HNO-Fachärzte, Physiotherapeuten und Chiropraktiker auftauchen. Immer häufiger werden Telefonnummern ausgetauscht, hinter denen sich kein süßes Geheimnis verbirgt, sondern die klinisch weiße Praxis eines Orthopäden, der angeblich noch jedes lahme Knie zum Laufen gebracht hat, und in manch gemütlichem Bargespräch geht es um die zurückliegende Parodontose-Behandlung, die Handhabung des Massagebürzels und erschreckend niedrigen Zahnersatzleistungen der Krankenkasse.

Längst schon sind die ausgefalteten Beipackzettel der eingenommenen Medikamente deutlich länger als die antiimperialistischen Nicaragua-Flugblätter von einst, und die Liste der aufgeführten Nebenwirkungen schlägt quantitativ jeden politischen Forderungskatalog von 1977. Als ich jüngst zum ersten Mal für endlos lange zwanzig Minuten in die bedrohlich enge Röhre eines Kernspintomographen geschoben wurde – spätere Diagnose des Neurochirurgen: typischer Verschleiß an der Halswirbelsäule –, half nur noch der rettende Gedanke an Woody Allen: Der hatte die Prozedur, die einem Probeliegen im Eichenholzsarg schon sehr nahe kommt, in »Hannah und ihre Schwestern« ja auch glücklich überstanden. Leben im Lazarett.

Unvergessen jener Routinetermin beim Urologen zu Beginn des Berliner Frühlings, also irgendwann Ende April. Auf dem Weg zur jährlichen Untersuchung, die stets mit einer gewissen Anspannung erwartet wird, passierte ich eine Ansammlung bildschöner junger Frauen – offenkundig Models, die auf dem Bürgersteig auf ihren Einsatz warteten. Ein Memento der besonderen Art: Ohne Gesundheit ist alles nichts. So hängt noch die Prostata-Vorsorge mit der Aussicht zusammen, auch weiterhin des Wunders weiblicher Schönheit teilhaftig zu werden.

Weh dem, für den es dafür schon zu spät ist!

Dass das Leben Spuren hinterlasse, hat man früher schon gehört und stets zu den schlimmsten Allgemeinplätzen gerechnet. Jetzt aber sieht man sie und ist schwer betroffen. Dabei ist Falte nicht gleich Falte. Ungezählt sind die Orte zwischen Stirn und Kinn, in denen sich die Jahresringe ablagern und eingraben – Menetekel des Älterwerdens.

Auch hier erzeugen Schicksal, Arbeitsbiographie und Genetik jede Menge Ungerechtigkeit. Hängen bei dem einen die Backen schon recht bedrohlich, strafft sich beim andern noch ganz stattlich das Gewebe unter der freilich etwas großporigeren Haut. Strahlt der eine noch mit fünfzig eine gewisse Jugendlichkeit aus, so sieht der andere schon mit Ende dreißig aus, als warte er nur noch auf die Riester-Rente.

Jenseits des Jürgen-Drews-Schemas (Modell Sonnenbank) oder des Iris-Berben-Phänomens (will einfach nicht altern) blicke auch ich zuweilen selbstkritisch in den Spiegel, um mich der eigenen Silhouette zu versichern, an die ich mich bei allen Schwierigkeiten letztlich doch gewöhnt habe. Meist erkenne ich mich noch, auch wenn die Qualität der Beleuchtung dabei eine nicht zu unterschätzende Rolle spielt.

Doch wie lange geht das noch gut? Nachdem die schier endlosen Wirren der metaphysischen Identitätsbildung überwunden scheinen, tritt nun das physische Selbstbewusstsein stärker in den Vordergrund. Nach der Frage »Wer bin ich?« heißt es nun immer öfter »Wie sehe ich überhaupt aus?«.

Befreundete Frauen berichten sarkastisch von einem fatalen »Wahrnehmungsloch«, in das sie immer häufiger fielen, wenn sie in der Öffentlichkeit unterwegs seien: Gleichaltrige Männer, jüngere erst recht, zielen mit ihren allzeit fixierbereiten Blicken haarscharf vorbei an den weiblichen Mittvierzigern, die sich plötzlich im Niemandsland zu bewegen scheinen, jenseits von gut und böse. No woman, no eye.

Wer diese Tendenz aufhalten will, muss sich und seinen Körper einer gnadenlosen Disziplin unterwerfen. Denn nicht nur der reine Verfall, auch der ab spätestens dreißig stetig anwachsende Umfang des eigenen Körpers erfordert ein allgemeines Umdenken.

Nicht nur mir ging eines Tages die bittere Wahrheit auf: Schier alles, was den Gaumen erfreut und das Herz erwärmt, die ganze schöne, teils schwer errungene Kunst der Lebensverfeinerung, wird am Ende zu purem, körpereigenem Fett. Weil die natürliche Verbrennungskapazität altersbedingt abnimmt, landen edle Pralinen und rubinroter Bordeaux, Picodon de l'Ardèche und Roquefort ebenso wie ein Blueberry Muffin und das Zimt-Apfel-Müsli von Doktor Oetker, dem übrigens ein erstaunlich hoher (natürlicher?) Zuckergehalt innewohnt, unterschiedslos in den Hüften und in der Blutbahn, in Gelenken und Knochen und verstopfen zu guter Letzt noch die lebenswichtigen Herzkranzgefäße.

Gefahren lauern überall. Auf einer Party im Frankfurter Westend unterhielt ich mich jüngst angeregt mit einem bekannten Zukunftsforscher, ebenfalls Jahrgang 1955 – doch weder gemeinsame Erlebnisse der Frankfurter Sponti-Vergangenheit noch die Zukunft Europas oder die Megatrends der globalen Lebensentwürfe standen im Mittelpunkt des Gesprächs, sondern französischer Rohmilchkäse. Der nämlich, wiewohl ein Wunderwerk im Zusammenspiel von Mensch und Natur, sei wahres Gift für den Cholesterinspiegel, versicherte der weltläufige Trendforscher aus eigener leidvoller Erfahrung, da helfe auch kein noch so mühseliger Lauf zu mir, ihr oder dir selbst.

Gute Fette, schlechte Fette – so ändern sich die Zeiten.

Noch in den achtziger Jahren hatte die Generation Z, deren kollektive Küchenkultur zwischen Spaghetti Bolognese, Rinderhacksteak und Schweinegeschnetzeltem variierte, gelernt, dass eine ganze Welt existierte jenseits von Biskin, Scheiblettenkäse und Billig-Gouda.

Nun muss sie schon wieder umdenken. Was eben noch die Entdeckung des Luxus und der Moden war – lukullisch in der aufsteigenden Linie griechisch, spanisch, italienisch, asiatisch –, verwandelt sich nun ins Kalkül einer neuen, strengen Rationalität, einer Kultur der selbst auferlegten Einschränkung.

Wenn es bei all dem nur um die Ästhetik ginge, wäre es der persönlichen Entscheidung überlassen, bis zu welchem Körperumfang man es noch wagen kann, in Konkurrenz zu den nachfolgenden Generationen zu treten und jungen, schlanken Frauen schöne Augen zu machen. Doch hier geht es um die Gesundheit, und schon ein Blick nach Amerika, wo nach jüngsten Erhebungen zwei Drittel aller Menschen übergewichtig sind, bietet eine wahre Lehre der Abschreckung: So nicht, sage ich mir. Nicht mit uns.

Wir sind diszipliniert, aber auch flexibel. Wir können auch anders. Und wir machen aus der trivialen Erkenntnis, dass wir nicht mehr wie einst Unmengen von Souvlaki und Keftedes mit Pommes frites und Krautsalat in uns reinstopfen können, ohne ein Gramm zuzunehmen, gleich eine philosophische Weisheit: Weniger ist mehr. Der neueste Imperativ lautet also: Intensiver essen, bewusster schmecken und immer an die Leber denken.

So werden noch größere, noch raffiniertere und noch teurere Kücheneinrichtungen angeschafft, um sublim vom eigentlichen Problem – der ordinären Fresslust – abzulenken. Manch einer aus der Generation Z, der früher nicht mal ein vernünftiges Spiegelei hinbekam, verfügt nun als »bourgeoiser Bohemien« (David Brooks) über einen mehrstöckigen, computergesteuerten Designer-Kühlschrank, der wie ein atombombensicheres Raumschiff in der knoblauchgeschwängerten Edelküchenatmosphäre zu schweben scheint und Salat wie Gemüse aller Herkunftsländer viel länger frisch hält als von der Natur jemals vorgesehen.

Allein Planung, Organisation, Einkauf und Zubereitung der selbstverständlich mediterran orientierten Speisenfolge verbrauchen zuweilen mehr Kalorien, als mit Löffel und Gabel von den riesigen weißen Tellern mit Gemüsetortilla an Safransauce überhaupt aufgenommen werden können. Wenn Essen nach landläufiger Auffassung der Sex des Alters ist, dann ist das ambitionierte Kochen der Breitensport der mittleren Jahre: individuelle Lebensoptimierung im Kampf gegen den biologischen Niedergang.

Doch spätestens bei Tisch geht es wieder ans Eingemachte, denn die Natur in ihrem Lauf hält weder Dessert noch Riesling auf. Bei Flusskrebsschwänzen auf Rucola-Salat und Fischterrine an Sellerieparfait kommt die Rede auf allerlei Beschwernisse des fortgeschrittenen Alltags. Während über die jüngsten Gelenkbeschwerden berichtet wird, die den Ski-Urlaub in Sils Maria gefährden könnten – fahrlässigerweise hat man das Ikea-Regal in verkrampfter Hockposition auf dem zugigen Balkon zusammengeschraubt –, bleibt Zeit genug, Ausmaß und Tiefe der Augenringe des etwa gleichaltrigen Gegenübers zu studieren.

Es sind immer wieder solche Banalitäten, die die Betroffenen zutiefst irritieren, obwohl sie eigentlich viel zu klug sind, sich von irgendetwas überraschen zu lassen, seit Adorno und Horkheimer die »Dialektik der Aufklärung« analysiert haben – den ewigen Rückschritt im Fortschritt, das Unwahre im Großenganzen.

Etwas Fremdes scheint sich da auf unheimliche

Weise ins Vertraute zu mischen – Oberarme, die plötzlich weicher werden als ein Cashmere-Pulli, Halspartien, die nicht mehr den Anforderungen eines perfekten Dekolletés genügen, Hinterteile, an die sich keine Levis-Jeans mehr hauteng schmiegen kann wie einst die wurstpellenartige »Tigerhose« bei »Rock gegen rechts«.

Besonders beim sommerlichen T-Shirt-Contest oder dem alljährlichen Experiment Badesee & Freibad kommt es auf Details an, und da ist es eben nicht damit getan, keinen Bierbauch zu haben, keine Glatze und keinen nässenden Hautausschlag. Knie, Oberschenkel, Brust und aufrechter, aber wiegender Gang: Darum geht es.

Oder die Hände: »Das sind nicht meine Hände«, rief unlängst eine Freundin mit blendender, fernsehtauglicher Erscheinung unter Protest. »Eben waren sie doch noch weiß, glatt und zart.« Aber auch Männer, frühmorgens unter der Dusche, sehen zuweilen ganzheitlich an sich herab und stottern halblaut: »Dieser Körper gehört Marlon Brando, nicht mir.« Sie meinen den Marlon Brando von heute.

Dieses »Eben-noch« gehört zum eisernen Standardrepertoire des Älterwerdens, das ungläubige Staunen darüber, dass es nun auch diejenigen trifft, die eben noch die alten reaktionären Säcke aus den Chefetagen, Hörsälen und Ministerbüros vertreiben wollten.

Nun sitzen die Angehörigen der Generation Z selber in der Falle und müssen irgendeine intelligente Erklärung dafür finden. Einfach nur »Cosi fan tutte« zu sagen – allen geht es genauso, irgendwo und irgendwann –, das reicht eben nicht. Vor allem: Es hilft nicht.

Es ist ein veritabler Rollenwechsel für die Dauerjugendlichen der Generation Z, der erst einmal begriffen – Psychologen sagen gern: angenommen – sein will.

Immer wieder ertappe ich mich dabei, aus der Not eine Tugend zu machen und in gönnerhafte Gedanken abzuschweifen. Okay, jetzt sind die anderen dran, denk ich, wenn ich mich mit dem Einkaufskorb durch die Oranienburger Straße zum »Superspar« am Hackeschen Markt zwängte, vorbei an all den Schuhläden und Boutiquen, senior-no-go-areas, deren Betreten für Menschen ab vierzig durchaus zum Spießrutenlauf werden kann. Schon die noch im tiefsten Winter bauchnabelfreien Verkäuferinnen signalisieren Gefahr im Verzug: Wer sich da mit Mitte vierzig am Kleiderständer zu schaffen macht, in einem Laden, in dem er sowieso nichts zu suchen hat, der gerät in die Nähe einer unanständigen Handlung.

Keine Frage und okay, okay: Jetzt sind die anderen jung und präsentieren ihre Körper wie scharfe Waffen. Wir haben's ja gehabt, wir haben's genossen, und wir haben die Sache ausgedehnt bis zum Gehtnichtmehr – bis irgendwann einer von uns an einem Samstagabend das entscheidende Problem aufwarf: »Ich glaube, in die Disco können wir jetzt nicht mehr gehen ...«

Was aber dann? Und wohin? Etwa in die eigene Küche? Ins Restaurant? Ins Theater, um sich sechs Stunden lang von Frank Castorf quälen zu lassen? Und wofür? Geist, Erfahrung und sublime Genussfähigkeit vorm großen weißen Teller?

Man sucht sich Alternativen in den Orten der Vergangenheit. Die Generation Z, die einst mit Bolzenschneider und Zwille vor dem Atomkraftwerk Brokdorf stand, Wälder und Feuchtgebiete verteidigte und gegen die Ausbreitung des Ozonlochs kämpfte, entdeckt, nach Jahren von Arbeit, Kindern und Karriere, die Natur wieder – freilich diesmal eher romantisch als ökologisch, subjektiv und ästhetisch statt mit politischer Botschaft, emphatisch statt utopisch.

Gewiss, auch mit fünfundzwanzig fuhr man zur Kiesgrube ins Grüne, spazierte mit der »Beziehung« durch den Odenwald und reiste mit dem rostigen R 4 an die französische Atlantikküste, um beim Côtes du Rhône aus der 1-Liter-Flasche dem Sonnenuntergang zuzuschauen. Doch in diesen Augenblicken war Natur die Kulisse des aufregend neuen Lebens, äußere Bedingung des Abenteuers, die Lichtung der Existenz. So trampte ich im Sommer 1977 von der Demonstration gegen den schnellen Brüter in Malville, bei der ein französischer Demonstrant ums Leben gekommen war, stante pede an die Côte d'Argent, wo im Angesicht der wilden Brandung und im Kreise frisch gewonnener Freunde die dramatische Weltlage erörtert werden konnte.

Zwanzig Jahre später ist Natur mehr als Ambiente und Atempause im Kampf: Sie ist ein Wert an sich, eine konkrete Utopie im Hier und Jetzt, Ort einer unmittelbaren, »süßen« Wahrnehmung: Ein Locus amoenus, so etwas wie der friedliche, überzeitliche Gegenentwurf zum unendlichen Wirrwarr der Gesellschaft, zu ihren endemischen Kämpfen und Konflikten und dem Endlos-Geschnatter aller Protagonisten.

Natur ist, trotz aller zivilisatorischen Eingriffe seit der deutschen Romantik, das Wunder jenseits aller menschlichen Plagen.

Die Generation Z, deren Schullektüre Goethes nur von mäßiger Begeisterung geprägt war, weiß mit jedem Lebensjahr mehr die große Antipodin des Gesellschaftlichen und Politischen zu schätzen (auch wenn Natur nicht einfach jenseits der Gesellschaft existiert) – jene sehnsuchtsvolle Weite von Arkadien, so, wie Plinius, von Goethe in seiner »Italienischen Reise« zitiert, schon Kampanien beschrieben hat: »So glücklich, anmutig, selig sind jene Gegenden, diese Lebensluft, diese immer heilsame Milde des Himmels …«

Da ich seit früher Kindheit Frankreich liebe, führt mich, wie so viele andere, die im Zeichen von Baguette, Belmondo und Bordeaux erwachsen geworden sind, der Weg immer wieder in den mediterranen Süden. Zwischen Provence und Languedoc-Roussillon, zwischen den Hochebenen des einst umkämpften Larzac und den Schluchten von Lot und Gardon, Tarn, Dordogne und Ardèche existieren sie immer noch – die süßen Orte der Erinnerung.

Trotz der sommerlichen Touristenmassen, denen man freilich aus dem Weg gehen kann, trotz des Ausbaus vieler kleiner, kurvenreicher und pittoresker Landstraßen zu perfekt asphaltierten Rennstrecken, trotz des technologischen Fortschritts, der gerade in Frankreich zelebriert wird, gibt es immer noch La douce France wie damals in den vierziger Jahren, als Simone de Beauvoir und Jean-Paul Sartre in der Auvergne Picknick machten.

Auf den Nebenstraßen rund um den Mont Ventoux, in der hohen Drôme oder im milden Périgord hat sich die Idylle der wahren Empfindung gehalten – jedenfalls im Auge des sinnenden Betrachters, der spürt, wie abhängig er von dieser Dosis Naturromantik ist, wie süchtig nach einem Horizont, der nicht mehr mit dem festen Glauben an irgendeine politische Transzendenz erkauft werden muss: Er ist einfach da, ein Zauber des Gegenwärtigen.

Doch die 78er wären nicht sie selber, käme ihnen das Ganze nicht auch irgendwie verdächtig vor. »Die tragische Figur unserer Zeit ist der überlebende Spießer«, hat ein später Adept der Frankfurter Schule einmal gesagt – und tatsächlich: Läuft nicht auch und gerade der überlebende deutsche Alternativ-Spießer mit seinen verwelkten Träumen einer ganz anderen Welt durch die Olivenbaumhaine und Lavendelfelder des Südens, Aaahs und Ooohs und sentimentale Weißt-du-noch-Geschichten ausstoßend? Kultiviert er nicht diese 3-Wochen-Jahres-Utopie wie andere ihre billige Mallorca-Obsession? Und habe ich nicht eben noch die »Gebrauchsanweisung für Südfrankreich« von Birgit Vanderbeke verschlungen, in der es eigentlich nur um zwei Dinge geht: Wie komme ich günstig an mein Traumhaus in der Provence – und wie bereitet man eigentlich ein Cassoulet à la Carcassonne zu?

Bei aller Frankophilie und kulturellen Sensibilität ist die lockende Lavendel-Prosa der Romanautorin, die seit Jahren in Südfrankreich lebt und schreibt, Teil jenes pragmatischen Lebensverbesserungsprogramms der Generation Z: retten, was zu retten ist von den idealistischen Impulsen der Vergangenheit, aber mit Vernunft und Augenmaß. Man träumt nicht mehr einfach vor sich hin, sondern erkundigt sich nach der mittleren Februar-Temperatur in den Cevennen nordwestlich von Vallon Pont d'Arc, bevor man die Heizkosten im renovierungsbedürftigen Steinhaus überschlägt, dessen Keller seit Jahrhunderten seine Eiseskälte unerbittlich in die Parterre-Fliesen leitet.

Doch ob Hauskauf, Urlaubsgestaltung oder Wochenendausflug – einer der schlimmsten Feinde des Glück und Ruhe suchenden 78ers in den besten Jahren ist der Lärm. Ja, richtig gehört. Der Lärm. Der Lärm, den die anderen machen. Nicht immer ist er so leicht zu identifizieren wie im August in den Schluchten der Ardèche, wo der Holländer im Schweiße seines Antlitzes und nach Leibeskräften ruft und lacht und planscht und paddelt, unterstützt von italienischen Nachwuchstenören, die mit Verdi- und Puccini-Arien vom Kajak aus unermüdlich den Echoeffekt der steilen Felswände testen, während Abordnungen aus Belgien und dem deutschen Rheinland mit lautstarkem Frauen-Nassspritzen und paramilitärischen Bootskommandos den Sieg über die Natur komplettieren: ein phonstarkes Fun-Paradies, in das kein Vogelgezwitscher mehr dringt.

Sosehr ich die Menschen und ihr merkwürdiges Treiben liebe – an diesem Punkt bin ich empfindlich geworden, und ich muss zugeben, dass ich mit den Jahren immer empfindlicher geworden bin, fast schon überempfindlich.

Die nüchterne, aber auch selbstkritische Erkenntnis lautet: den Lärm machen jetzt die anderen, meist die Jungen. Sie toben und schreien – wie ich meine: völlig unnötig – durch die Gegend, interessieren sich nicht die Bohne für die wilde Schönheit des Zehntausende Jahre alten Flusslaufs und stellen ihre zentnerschweren Kühltaschen im feinen weißen Sand ab, als wären es Fräsmaschinen vom Obi-Markt.

Aber auch zu Hause nerven jene lautstarken Zeitgenossen, die vor fünfzig Jahren noch »Halbstarke« hießen und gegelte Scheitel trugen, den Stilettokamm locker in der Hosentasche. Mit ihren Skateboards, die über Asphalt und Bordsteinkante krachen, hämmern die passionierten Ruhestörer von heute unentwegt virtuelle Dübel in die eh schon lärmgeschwängerte Großstadtluft, und im Frühling, wenn die schöne Ghettoblaster-Zeit anbricht, feiern die Söhne Mannheims und all ihre rapsüchtigen Brüder die Dezibel-Festwochen des deutschen Hiphop, der einfach nicht totzukriegen ist.

Wer in Berlin-Mitte wohnt, dem dröhnen zusätzlich die Lautsprecher-Parolen aller möglichen »ver.di«-, Anti-Bush-, Anti-Kriegs-, Anti-Israel- und Anti-»Rotstift«-Demonstrationen vom Alexanderplatz in den Ohren, die der harte Ostwind kilometerweit vor sich hertreibt, und einmal im Jahr gibt es sowieso kein Entrinnen vor der Love Parade und ihren wummernden Techno-Druckwellen.

Zwischendurch wird vor der Haustür zum wer weiß wievielten Mal die Straße aufgerissen, um noch mal rasch nach dem Zustand der Abwasserleitungen oder der Fernwärmeverbindung zu schauen – dass der Nachbar gut hörbare musikalische Vorlieben hat und gerne mit dem Handy vom Balkon aus weltweite Geschäftsverbindungen anbahnt, ist da fast eine Petitesse. Von quietschenden Straßenbahnen, heulenden Feuerwehrsirenen und wummernden Bässen aus Parkplatz suchenden Cabrios zu reden hieße erst recht, Boxen nach Athen zu tragen – doch mir wird es bei all dem manchmal wirklich zu viel.

Dann reagiere ich ein bisschen panisch und kippe schon mal einen Eimer Wasser aus dem fünften Stock auf ebenso standfeste wie phonstarke Nachtschwärmer – freilich immer erst nach einer mündlichen Aufforderung, den Ort der Ruhestörung umgehend zu verlassen.

Da diese abendländisch-aktionistische Strategie nur punktuell erfolgreich sein kann, habe ich mir gleich mehrere Packungen jener Ohrstöpsel besorgt, die ich seit den präsenilen Schlafstörungen regelmäßig benutze. Seitdem schlafe ich fast wieder normal.

Doch der Schock sitzt tief. Kaum etwas verursacht mir mehr Alltagspanik als die Aussicht auf die womöglich unbegrenzte Fortdauer störender Geräusche, auf die ich keinen Einfluss nehmen kann. Sie erscheinen als traumatische Einschränkung meiner persönlichen Freiheit und Unabhängigkeit, als Terrorattacken auf die Unversehrtheit von Körper, Geist und Seele.

Nur manchmal, in den ruhigen Sekunden, wenn der Schmerz nachlässt, erinnere ich mich, dass ich diesen Terror selbst einst als Befreiungsakt empfunden und genüsslich zelebriert habe: zu voller Lautstärke aufgedrehte Lieblingssongs bei offenen Fenstern, revolutionäre Parolen (mit und ohne Megaphon) am verkaufsoffenen Samstag in der Fußgängerzone und nachts um zwei betrunken vor fremden Fenstern über akute Beziehungsprobleme mit Geli diskutieren – egal: Spießer mit Schlafbedürfnis waren immer nur die anderen, und die Rücksichtslosigkeit war Programm: Haut weg den alten Scheiß, mit uns lärmt die neue Zeit!

Zwanzig Jahre nach jenen Partys, zu denen grundsätzlich, irgendwann nach Mitternacht, der Besuch einer uniformierten Streifenwagenbesatzung gehörte so wie der Kampf am Plattenspieler und der inoffizielle Wettbewerb um den besten selbst gemachten Kartoffelsalat, wächst eine andere Gefahr: die Gefahr, ein Knacker zu werden, ein Dauerbeschwerer, ein Misanthrop, der den Jungen jetzt das vorhält, was er eben noch selbst getan hat (auch wenn wir damals natürlich nie diese sackartigen, in den Kniekehlen hängenden und über den Boden schleifenden Monsterhosen angezogen hätten, mit denen man Wildschweine erschlagen kann).

Nicht, dass ich mich in diesem bösen Zwielicht sehen würde, nein, niemals, aber bei aller Souveränität ist die Versuchung nicht von der Hand zu weisen, wieder einmal den eigenen biographischen Augenblick zu verabsolutieren, gerade so, als habe man das höchste Stadium des modernen Bewusstseins erreicht.

Die unbestreitbar gewonnene Lebenserfahrung, die zu Einsichten führt, denen man nur mit größter Anstrengung ausweichen kann, hat durchaus zwei

Seiten: Klugheit, Toleranz, Gelassenheit, Sinn fürs Absurde zum einen, zum anderen aber auch Besserwisserei, Egozentrik und eine Eitelkeit des Alter(n)s, die in allem nur sich selber sieht und – allzu gern reden – hört.

Mag sein, dass auch hier eine Art Dialektik der Aufklärung wirkt: Während, so Gott will, die Lebensweisheit, oft auf verschlungenen Pfaden errungen, im Namen von Entmythisierung und Desillusionierung wächst und gedeiht, meißelt sie manch einer schon in Stein, ganz so, als wäre sie zeitlos wahr, kostbar wie geschliffener Marmor, der das krude, krumme Holz des Lebens einfach unter sich begräbt.

Der Hang zum dozierenden Monolog verstärkt sich meist unmerklich und liefert einen Vorschein auf das, was Gerontologen den gemeinen Altersstarrsinn nennen: die Weigerung, Neues aufzunehmen oder auch nur gelten zu lassen, eine Art objektiver Lern- und Wahrnehmungsschranke, die sich als goldener Schrein ewigen Wissens ausgibt.

Ungefähr ab Mitte sechzig wird die schon ausgeprägte Tendenz unumkehrbar, zehn Jahre später hat sie sich zum Peter-Scholl-Latour-Syndrom (wahlweise: zum Günter-Grass-Genom) derart verfestigt, dass die protobuddhistische Weisheit nur noch ein mildes Lächeln aufzusetzen braucht, um ihren himmelweiten Abstand von irdischen Irrtümern auszudrücken.

So weit bin ich freilich noch nicht. Ich bin weltoffen und verständnisvoll, neugierig, geistig rege und der Zukunft zugewandt, doch manche Unduldsamkeit gegen jene, die immer noch scheinbar überwundenen Illusionen anhängen, ist auch mir nicht fremd. Andererseits mokiere ich mich auch schon mal über das Gegenteil – über junge Menschen, die gar keine Illusionen mehr zu haben scheinen und deren einzige Utopie der Börsenkurs von morgen ist. Mit dem Zusammenbruch der so genannten New Economy hat sich gezeigt: Sie hatten doch eine Illusion. Sie sah nur anders aus als Kommunismus, Anarchie oder die offene Zweierbeziehung. Ihre Illusion war ein Geschäft, das nicht funktionierte, eine Spekulationsblase, die für die Ewigkeit halten sollte und einfach platzte.

Nun sind die schicken Bars in Berlin-Mitte halb leer, in denen sie nach ihrem 12- bis 14-Stunden-Tag in den lichtdurchfluteten Lofts den Nemax feierten, so cool und lässig, als wären sie tatsächlich späte Adepten von Tom Wolfes »masters of the universe«.

Schon damals hatte ich manch skeptischen, aber auch leise neidvollen Blick auf jene Endzwanziger geworfen, die ihre erste Million schon in der Tasche zu haben schienen, teure Zigarren rauchten und von schönen Frauen umgeben waren. Gleichzeitig wirkte ihr Outfit mit den groß gestreiften Hemden, breiten Hosenträgern und braunen Pferdelederschuhen immer auch ein bisschen lächerlich, zirkushaft unwirklich – wenn auch anfangs unterhaltsam.

Schon damals, also gerade eben, blitzte die Versuchung des Knackertums auf, die typische Mischung aus Neid und Besserwisserei. Die Besserwisserei hätte durchaus triumphieren können, denn die Geschichte gab dem Denken in den Kategorien jener old economy eher Recht, die immer noch lieber an Substanz und (Geld-)Werte glaubt als an die pure Vermarktung einer tollen Idee.

Doch die 78er, Zaungäste auch dieses historischen Augenblicks, hatten es ja nicht besser gewusst. So hielt sich die Schadenfreude über die Bauchlandung der Generation Golf in engen Grenzen, denn es gab da ja auch noch etwas anderes im Gefühlsleben der Generation Z: ein fast schon paternalistisches Wohlwollen gegenüber den jungen Pragmatikern, die nicht erst über sieben Barrikaden und acht Straßenschlachten gehen mussten, um zu begreifen, dass die Welt mehr ist als eine Ansammlung von falschen und richtigen Ideen, mehr als die Alternative von Wahrheit oder Manipulation, Revolution oder Reaktion, Sieg oder Tod.

Zuweilen huscht sogar ein Lächeln über mein Gesicht, wenn ich im Büro, beim Einkaufen oder am Tresen die Jungen bei Arbeit, Sport und Spiel beobachte: Auffallend ist eine geschmeidige Souveränität, eine gewisse Leichtigkeit und Freundlichkeit, die offenkundig nicht mehr a priori das ganze Elend der Welt im Rücken hat.

Mag sein, dass es nur Projektionen, naive Bilder

einer scheinbar weniger problem- und ideologiebeladenen Generation sind – Sprösslinge des gesellschaftlichen Fortschritts, auf die man sogar ein bisschen stolz sein könnte. Vielleicht ist es die pure Einbildung, aber sie erscheinen eben nicht nur wie Kinder des Wohlstands (das waren die 78er auf ihre Weise auch), sondern als Kinder einer zivilen Gesellschaft, deren Freiheiten selbstverständlich, geradezu ahistorisch und begründungslos in Anspruch genommen werden, während ihre konfliktreiche Entstehungsgeschichte längst verblasst ist.

Ein Vierteljahrhundert nach dem »Deutschen Herbst« von 1977, als damals Dreißigjährige unter dem Flammenzeichen einer bewaffneten »Stadtguerilla« harmlose Chauffeure ebenso wie Bankiers erschossen, Arbeitgeberpräsidenten entführten und abtrünnige Kombattanten des »revolutionären Kampfes« gegen den »faschistischen« Staat mit dem Fememord bedrohten, scheinen sich die Zeiten wirklich radikal gewandelt zu haben.

Der Eindruck einer friedlichen, irgendwie planierten posthistorischen Gesellschaft ohne Sinn und Ziel, dafür mit umso mehr abstraktem Konsenswillen, erinnert mich nicht nur an die kurvenreiche Wegstrecke des eigenen Lebens, sondern auch an die ambivalente Haltung zum Status quo der Gegenwart: Einerseits, mit Hegel, erscheint das Wirkliche als das Vernünftige, andererseits, mit Theodor W. Adorno, Jörg Wontorra und Al Qaida, treiben Wahnsinn,

Dummheit und Fanatismus immer tollere Blüten des Bösen und des Blöden.

Noch ein Symptom des Älterwerdens: Man wägt nach Jahrhunderten ab. War die Hexenverbrennung des Mittelalters eigentlich schlimmer als der Terrorismus von heute? Ist die Hungersnot in Afrika ein Fortschritt gegenüber dem Elend des Dreißigjährigen Krieges? Was ist Jörg Pilawa gegen Erasmus von Rotterdam? Sind die Vereinzelung und Vereinsamung vieler Menschen wirklich ein guter Preis für die Überwindung kollektiver Zwangssysteme aus den Zeiten der Lehensherrschaft? Worin also besteht die Freiheit, die wir meinen, Zivilisation, Modernität und Liberalität?

Bevor diese Fragen endgültig beantwortet werden können, stehe ich erst einmal am Grab eines Freundes oder einer Freundin. Denn Friedhofsbesuche häufen sich ab vierzig. Sie werden zeitweise sogar zum dominierenden Anlass, alte Bekannte wieder zu treffen. Da hört alles Sinnen und Trachten, alles Fragen und Zweifeln auf – plötzlich sterben sie einfach, werden mitten aus dem Leben gerissen, verschwinden aus dem vertrauten Gesichtskreis, die Feli und die Lissi, der Jürgen und der Matthias, ohne dass man vorbereitet wäre. Nach den Eltern sterben die Kinder – und manchmal umgekehrt.

Als am 7. März 2003 Freund Matthias – ein Chirurg und Onkologe, der gerade 49 Jahre alt geworden war – beerdigt wurde, standen nicht nur seine Eltern am Grab, sondern auch viele Patienten, die dank seiner Operationen am Leben geblieben waren und nun ihren eigenen Arzt überlebt hatten.

Doch auch ich fühlte mich als Überlebender und dachte an die ausgedehnten Italienurlaube Anfang der achtziger Jahre, als man im schrottreifen R 4 den apulischen Stiefelabsatz umfuhr und abends schon mal einen Eklat in der Pizzeria riskierte. Matthias hatte sich beim Kellner über den arg verbrannten Teig der Pizza Mafiosa beschwert, worauf sich der Koch eigens aus der Küche bemühte, um am Tisch eine lautstarke Probe original apulischer Sophistik zu geben: Schwarz sei nicht dasselbe wie verbrannt, sagte er, und außerdem esse man die Pizza im Süden so. Basta.

Wenn es stimmt, dass die Hoffnung zuletzt stirbt, dann ist auch richtig, dass die Erinnerung am längsten währt.

Die Organisation von Beerdigungen war lange Zeit Sache der Eltern und Großeltern gewesen, über deren merkwürdige Rituale man sich noch mokieren konnte, und der Tod lag in einer anderen Hemisphäre, ganz weit weg. Jetzt ist er gegenwärtig, weil nun meist die Töchter und Söhne den passenden Sarg aussuchen müssen. Nie werde ich vergessen, wie ich am offenen Grab meines Vaters stand, kurz nachdem der Sarg heruntergelassen wurde, wie es mich schüttelte und wie mir durch den Kopf schoss, dass in der männlichen Linie nun niemand mehr vor mir dran war, wenn es mit rechten Dingen zuging. Ich war, mit 41 Jahren, der Nächste in der Abfolge der Generationen – der Nächste, der unten liegen würde und nicht mehr oben stünde.

Nachdem gerade die 78er von Religion, Kanzelpredigt, Tradition und christlicher Trauerzeremonie nicht allzu viel wissen wollten, fällt es ihnen vielleicht besonders schwer, die angemessene Form des Abschieds zu finden. Mal wird ein Laienprediger engagiert, der weder vom Leben noch vom Tod eine Ahnung hat und auch das nicht auszudrücken weiß, mal sprechen, mit gedrückter, teils tränenerstickter Stimme einstige Gefährten vom Leben der Toten, als seien sie Wiedergänger der heiligen Johanna der Schlachthöfe Bertolt Brechts gewesen, bevor noch einmal die Rolling Stones mit »Angie« oder »Street Fightin' Man« vom Band kommen, auf dass einem das Herz der verlorenen Jugend zu zerreißen droht – es ist ein Elend eigener Art, das Elend der Formlosigkeit, die Unfähigkeit, gemeinsam zu trauern.

Freilich, Ausnahmen gibt es: Als der Gesellschaftssatiriker, Autor und Chronist der Spontibewegung, Matthias Beltz, am 8. April 2002 auf dem Frankfurter Hauptfriedhof von tausend Trauernden, vom deutschen Außenminister bis zum Sachsenhäuser Suffkopp, unter einem strahlend blauen Himmel zu Grabe getragen wurde, sprachen ein Varietédirektor, ein Theaterregisseur und ein Kabarettist die letzten Worte – und es war ein Abschied, der so traurig war wie schön, manchmal gar zum Lachen. Für einen Augenblick schien es, als habe die Erinnerung an die gemeinsame Vergangenheit von Protest, Revolte und einem »anderen« Leben im Angesicht des Todes eine symbolische Form gefunden, eine angemessene öffentliche Repräsentation. Kein Zufall war es, aber auch eine besondere Ironie der Geschichte, dass neben Joschka Fischer, Dieter Hildebrandt und Dany Cohn-Bendit auch die christdemokratische Frankfurter Oberbürgermeisterin und der amtierende Bundesbankpräsident erschienen waren.

Dass sich hier eher die Generation der 68er als die der jüngeren 78er versammelt hatte, ändert nichts an der Klarheit der Erkenntnis: In der zweiten Lebenshälfte werden Formen und Konventionen wieder entdeckt, wie sehr immer sie auch von althergebrachten Ritualen abweichen mögen. Das Konzept der einst so liebevoll betriebenen Zerschlagung bürgerlicher Symbole und Verhaltensweisen versagt angesichts der Leere, die der Tod von Freunden hinterlässt. Gegenüber dem absoluten Nichts – an die Wiedergeburt glauben doch die wenigsten – helfen keine spontane Betroffenheitsprosa, keine wärmende Vision und kein antiautoritärer Trotz: Hier ist das Programm der Selbstverwirklichung zu Ende. Ich war bewegt wie alle, als ich nach langsamem Vorrücken endlich an der Reihe war, die paar letzten Schritte allein ans Grab zu gehen und die rote Rose hinabzuwerfen, aber im Augenblick des kurzen Innehaltens spürte ich nichts, nur angespannte Leere. Tränen waren vorher geflossen, jetzt galt es, den Moment unfallfrei und in Würde zu überstehen. Doch eine Minute später, auf dem breiten, sonnenbeschienenen Kiesweg, im Gespräch mit vielen alten Freunden, die von überall hergekommen waren, erwachte schon wieder die Lebenslust.

Auch wenn der Blick in einige Gesichter, die man jahrelang nicht gesehen hatte, beachtliche Zeichen der Verwitterung offenbarte und hier und da die klammheimliche Frage provozierte, wer wohl der Nächste sei, an dessen Grab man stehen würde, gewann das Gefühl des Davongekommen-Seins die Oberhand. Jetzt erst verstand ich aus tiefster Seele jene Tradition des Trauermahls, bei dem lautstarke, durch reichlich Alkohol verstärkte Ausbrüche von Heiterkeit die Regel waren.

Auch die gealterten Rebellen der siebziger Jahre frönten diesem Ritual der kollektiven Wiedergeburt bei Speis und Trank, zumal sie selten einen Anlass verschmähten, einen guten Tropfen zu genießen, doch ich hatte plötzlich ganz anderes im Sinn.

Mittelschwerer Hypochonder, der ich war, erinnerte ich mich an manch merkwürdiges Stechen im Brustbereich, an ein Zwicken hier und ein Ziehen dort, und so beschloss ich noch auf der Rückfahrt im ICE »Ricarda Huch«, ab sofort mehr für Fitness und Gesundheit zu tun.

Sport hatte ich zwar immer gern getrieben, doch

vom einstigen, kampfbetonten Spontifußball im Park, vom regelmäßigen Handball-, Volleyball- und Badmintonspiel war kaum etwas an körperlicher Betätigung geblieben – außer Fahrrad fahren. Der alljährliche Skiurlaub sorgte nur kurzzeitig für phantastische Blutwerte und muskulöse Oberschenkel, und auch das Joggen ließ ich nach sporadischen Versuchen wieder sein, obwohl ich das große Vorbild im Berliner Tiergarten des Öfteren im kurzen Sporthöschen und völlig verschwitzt an mir vorbeitraben sah. Das war nichts für mich.

Gleichwohl verspürte auch ich zunehmend jenen Ehrgeiz des älter Werdenden, jederzeit noch ganz locker mithalten zu können oder gar das junge, grüne Gemüse über den Haufen zu laufen, wenn's dem Selbstbewusstsein dienlich war.

Bei meinen leidenschaftlichen Zweirad-Ausflügen an die Krumme Lanke, den Schlachtensee oder den Müggelsee kam es immer wieder zu spontanen Wettrennen mit wildfremden Personen, die meinten, mich auf dem Südwestkorso Richtung Dahlem überholen zu müssen. Auch dreißig Jahre deutscher Feminismus und wiederholte Selbstkritik in der Stadtteilgruppe änderten nichts daran, dass ich es besonders jüngeren Frauen nicht durchgehen ließ, auf der elend lange ansteigenden Straße einfach an mir vorbeizuziehen.

So nicht!, murmele ich dann in den historischen Worten Rainer Barzels im Deutschen Bundestag, damals, als es um die Ostverträge, also den »Ausverkauf Deutschlands«, ging, so nicht! – und schon wird ein anderer Gang eingelegt, spannen sich Oberschenkel und Waden im optimierten Bewegungsablauf, während Zahnrad und Kette perfekt ineinander greifen. Rechts und links fliegen die Geschäfte, Cafés und Restaurants vorbei, und der dahinzuckelnde Doppeldecker der Berliner Verkehrsbetriebe sieht schon ziemlich alt aus.

An der letzten Ampel vor der imaginären Ziellinie ist die unbekannte Herausforderin schließlich abgefangen, in Dahlem-Dorf ganz verschwunden. Welcher Triumph, aber auch: welche Peinlichkeit, zu der man sich hinreißen ließ. Sie erinnert ein bisschen an jene Momente auf der Autobahn, in denen das genetische Kampfschwein im Mann am Steuer erwacht: Am liebsten würde ich den roten BMW Z1 am Kamener Kreuz mit der lasergesteuerten Bordkanone zum Boxenstopp in die ewigen Jagdgründe schicken.

Die wahre Offenbarung männlicher Hybris aber wartet während der hochsommerlichen Badesaison an der Krummen Lanke, wenn tiefbraun geröstete Herrn ab siebzig splitterfasernackt wie die Hagestolze über die Liegewiese stöckeln, den kleinen Vorderlader in nudistischer Präsentierstellung – postmoderne Don Quichottes im Kampf gegen die Windmühlenflügel des Begehrens.

Ein unbeschreibliches Schauspiel, bei dem der gepeinigte Beobachter nur noch versuchen kann, sich hinter der aufgeschlagenen FAZ zu verschanzen. Immerhin erinnert mich dieses letzte verzweifelte Aufgebot, der stumme Aufschrei des männlichen Geschlechtstriebs kurz vor seinem Verenden, an den tröstlichen Umstand, dass ich von solchen Kamikaze-Taten noch ein Vierteljahrhundert entfernt bin.

Noch ist genug Zeit, sich nicht freiwillig der Lächerlichkeit preiszugeben, doch in diesen Augenblicken entsteht schon eine böse Ahnung: Weh dem, der die Fähigkeit zu kritischer Selbstbeobachtung und souveräner Selbstbescheidung verliert, weh dem, der vergisst, wer er ist, weh dem, der den Rubikon zur Würdelosigkeit überschreitet und ein Terrain betritt, das ihm nicht mehr zusteht, ein Terrain, auf dem er kein Subjekt mehr ist, sondern nur noch Objekt von Mitleid und Häme, Verachtung und Abscheu.

Im Frühjahr 2002, im Bauch eines kleinen Unterhaltungsschiffes am Kreuzberger Urbanufer des Landwehrkanals, ahnte ich davon bereits ein bisschen mehr, als mir lieb war. Eine Freundin feierte ihren 27. Geburtstag, die meisten Gäste waren kaum älter, und irgendwann ging man zum Tanz über, ganz unten, fast in Kielhöhe des ausgemusterten Kahns mit dem schönen Namen »Mephisto«.

Es war dunkel und laut und voll, und so fing auch ich an, mich zu bewegen. Ich bemühte mich redlich und dachte, meine rhythmische Mimikry im Geiste der House-Musik sei eigentlich ganz passabel, durchaus ortsüblich und kulturell angepasst – bis ich zweier junger Frauen gewahr wurde. Sie schauten erst kurz mich an und dann sich gegenseitig.

Als ich sah, wie sich ihre Blicke trafen, war alles klar. Ich überlegte nur noch, wie ich möglichst unauffällig das Feld der Schande verlassen könnte, schnappte mir meinen Mantel, stieg die engen, rostigen Stahltreppen hoch und verließ das Schiff kurz nach zwei Uhr. Draußen war es kalt, aber in der frischen Luft ließ der Schmerz rasch nach.

Sie hatten mich als Alien erkannt, an meinem grau melierten Haar, an meinen Gesichtszügen, an der Bewegung, die nicht die eines 20-Jährigen war, sondern wahrscheinlich eher doch so komisch aussah wie die Disco-Verrenkungen Woody Allens in »Der Stadtneurotiker«.

Sie hatten mich erkannt: als verirrten Zombie, als Alt-Hippie mit Festanstellung und Lebensversicherung. Ich gehörte nicht hierher. Was suchte ich hier, ich alter Sack, Ritter von der traurigen Gestalt?

Es war ein schöner Abend gewesen, doch am Schluss hatte ich die Grenze berührt.

Das eben ist die schockierende Erfahrung der Generation Z beim Älterwerden: Es gibt Grenzen, absolute Grenzen. Easy Rider in der Einbahnstraße.

Deshalb schießt ab und an die Sehnsucht ins Kraut, man könnte noch mal Kind sein oder 20 Jahre alt, ein unbeschriebenes Blatt, unschuldig und vor sich die endlose Weite des Horizonts. Sich einmal wieder ganz klein machen können, unsichtbar wie damals, als man Verstecken spielte und Blindekuh und die Welt unermesslich groß war, das wäre schön. Keine Verantwortung, keine Schuld, keine verlorenen Illusionen.

Doch was käme dann? Das ganze wunderbare Elend des Lebens nähme seinen Lauf.

Dann aber, so sage ich mir, machen wir doch lieber gleich hier und heute weiter.

2. Der Bikini des Begehrens. Vom Geschlechterkampf nach vierzig

Wir basteln uns ein Lebensmodell: Beziehung, und wenn ja, wie? – Jedem seine eigene Beziehungskiste – Von dauerhaften Entscheidungen und emotionalem Durchhaltevermögen – Beziehung als emotionaler Risikofaktor – Warten auf die Richtige, aber ganz entspannt – Die emotionale Balance im Niedrigfühlbereich und was passiert, wenn man das Gleichgewicht verliert – Soll das schon alles gewesen sein? – »Konkrete Vögel-Praxis« versus »emanzipierte Verkehrsformen«: Von der Erschöpfung nach dem ständigen Beziehungskampf – Das erotisch-sexuelle Gehäuse beginnt zu bröckeln: Kündigung des Abonnements auf die ewige Jugend

Vielleicht lag es nur am subjektiven Eindruck, vielleicht an der immer schneller rotierenden Mediengesellschaft und ihrer Boulevardisierung der Gefühle, vielleicht auch nur an der allgemeinen Depressionsstimmung dieses Winters – aber überall ächzte und krachte es im Beziehungsgebälk der Geschlechter. Jeden Tag meldeten die bunten Seiten aller Tageszeitungen die allerneuesten Ehedramen, berichteten über bürgerkriegsartige Trennungsgeschichten und abgründige Blitz-Partnerschaften, deren Intervalle zuweilen nach der Anzahl der Tage zu bemessen waren, die zwischen zwei Besuchen in einer Hamburger Edeldisco lagen, und die Statistiker liefern die nackten Zahlen zu den Schlagzeilen: Die Scheidungsrate steigt, und die durchschnittliche Beziehungsdauer sinkt. Stegreif-Umfragen im Freundes- und Bekanntenkreis bestätigen den Befund und lassen zudem befürchten, dass auch die Qualität der noch bestehenden Zweierbeziehungen zu wünschen übrig lässt, um das Mindeste zu sagen.

Dreißig Jahre nach dem Beginn der Frauenbewegung und im Jahre 2 der Homo-Ehe ist kaum etwas so, wie es sein sollte. Gewiss, Alice Schwarzer kann mit sechzig auf ihr erfolgreiches Lebenswerk der

Emanzipation zurückblicken, und niemand wundert sich mehr, wenn schwule Männer Kinder aufziehen, die sie mit einer lesbischen Freundin gezeugt haben – aber wenn schon Dreißigjährige desillusioniert sind wie alternde Lebemänner, dann ist etwas schief gelaufen. Nichts scheint mehr zu funktionieren bei Glück und Liebe – außer den konditionierten Reflexen, die jederzeit abrufbar sind.

Das wirre Geflecht aus Gefühlen und Beziehungen, Sehnsüchten und Kompromissen, alter Romantik und neuem Realismus führt, so scheint es, immer mehr in die pure Ratlosigkeit. Heerscharen von Paar-Therapeuten, regalweise Seitensprung-mit-dem-Proseccoglas-am-Bett-Romane, ganze Bibliotheken voller Glücks-Ratgeber und Batterien deutscher Beziehungsproblemunterhaltungsfilme à la »Beim nächsten Mann wird alles anders« haben daran nichts geändert: Der Euphemismus von der bunten Patchwork-Gesellschaft, in der die unterschiedlichsten Formen des Zusammenlebens glücklich und zufrieden nebeneinander existieren, wird an der bitteren Realität zuschanden. Ob Singles, Paare und Passanten, allein erziehende Frauen oder Männer in der kinderlosen Viert-Ehe, Teilzeitbeziehungen oder Daueraffären – in allen nur denkbaren Lebensmodellen steckt der Wurm. Der heilige Gral der geglückten, dauerhaften Liebesbeziehung rückt in immer weitere Ferne – und jeder ist sein eigener Parzival auf der ewigen Suche.

Was ist passiert? Gerade für die Generation Z galt doch: Das Private ist politisch, und das Leben ist eine Baustelle. Neben der ein wenig diffusen »Umwälzung aller Verhältnisse« gab es eine ganz konkrete Utopie: das Glück zwischen Mann und Frau, die berüchtigte Zweierbeziehung zwischen dem Michi und der Geli, zwischen Paul und Sigrid, die sich auf Gomera oder in Bockenheim kennen gelernt hatten, jene eigentümlich aufgeladene Romantik zwischen bollerndem Kohleofen und selbst gebautem Hochbett, die immer ein bisschen was Verschwörerisches, Geheimbündlerisches und Revolutionäres hatte. Es war eine Atmosphäre des unsicheren, aber hoffnungsvollen Ausprobierens, wie sie der 78er Andreas Mand in seinen Romanen »Das rote Schiff« und »Kleinstadthelden« geschildert hat.

Ich erinnere mich noch gut daran, wie alles anfing, damals, als die »Beziehungskiste« die wichtigste Immobilie war, die man gleichwohl von Wohngemeinschaft zu Wohngemeinschaft, treppauf, treppab mit sich herumschleppte.

Die Beziehungskiste war ein schöner Begriff, weil er noch den größten Herzschmerz auf Distanz zu halten schien, weil er die Liebe und das Glück zum weltlichen »Projekt« erklärte, über das theoretisch endlos reflektiert werden konnte, obwohl man es auch »ein Stück weit praktisch« angehen musste. Zugleich hatte die Beziehungskiste etwas Ungefähres, Schwebendes, profan Weihevolles, und manchmal schien sie durch die laue Frühlingsluft zu fliegen. In kalten Winternächten stand sie irgendwo bibbernd vor der Tür und bekam kalte Füße, gegen die nur Rudis Wärmflasche half.

Ohne aktuelle Beziehungskiste war man in den späten siebziger Jahren kein richtiger Mensch, denn man hatte kein weiterführendes Projekt und kein wirkliches Problem, dessen knäuelartige Verwicklungen nächtelang in verrauchten Kneipen namens »Mampf« oder »Größenwahn« ausdiskutiert werden mussten. »Beziehungsprobleme« waren ein Berechtigungsausweis der fortschrittlichen Existenz, die romantische Mensur der Generation Z.

Es gab kein wahres Leben ohne Beziehungskiste, denn nur sie hielt das dynamische Gleichgewicht zwischen Hoffen und Bangen, Leichtigkeit und Schwere des Daseins im Lot. Der jargonhafte Terminus mit den Anklängen an harte – körperliche wie geistige – Arbeit signalisierte noch die volle Autonomie des Subjekts bei der Jagd nach dem verlorenen Schatz: Glück ist machbar, Frau Nachbar!

Zwanzig Jahre später ist aus der Beziehungskiste eine Möbeltruhe geworden, die nur noch bei Vollzug der Gütertrennung bewegt wird. Das Vorläufige und Spielerische ist einer existenziellen Schwere gewichen – oder dem abgeklärten Pragmatismus der scheinbar Desillusionierten, die sich nur noch ganz heimlich der Hoffnung hingeben, eines Tages käme da noch etwas nach. Aus dem Dramolett der Beziehungskiste wurde das Drama der Lebenspartnerschaft. Entscheidungen sind gefallen, die nicht mehr beliebig revidierbar sind. Ehen wurden geschlossen und Kinder geboren, Karrieren gezimmert, Häuser gebaut und Schulden aufgenommen.

Was die Thirtysomethings noch als aufregenden neuen Lebensabschnitt empfinden konnten, ist für die Fourtysomethings zur dauerhaften Herausforderung an Charakter, Liebes- und Leidensfähigkeit geworden. Nun zählen Ausdauer, Stehvermögen, Konfliktfähigkeit und Kompromissbereitschaft – nicht unbedingt die herausragenden Stärken der Generation Z.

Gerade die 78er, die lebenskulturellen Kriegsgewinnler der Revolte von 1968, haben unter dem ideologischen Deckmantel der »Politik in der ersten Person« den Prozess der Individualisierung derart vorangetrieben, dass ihnen die spontane Freiheit des Willens hier und da zu Kopf gestiegen ist. Sosehr sie sich bewusst sind, dass das ewige Offenhalten aller Optionen schon an rein physische Grenzen stößt, so zäh hängen sie der Idee nach, das Leben ließe sich doch immer wieder in eine Beziehungskiste packen und einfach mitnehmen auf die nächste Reise hinter die blauen Berge.

Ich kann da nur für mich sprechen, aber ich versuche, beklagenswerterweise, immer noch, dem allerletzten Ernst der Lage auszuweichen, so lange es geht. Bis auf den heutigen Tag bin ich meiner Verantwortung gegenüber der Schöpfung, der Gesellschaft und der gesetzlichen Rentenversicherung nicht ausreichend nachgekommen. Ich habe immer noch kein Kind gezeugt, kein Haus gebaut, und auch die Ehe habe ich gemieden wie der Teufel das Weihwasser – selbst dann noch, als sie, irgendwann in den frühen neunziger Jahren, auch in jenen Kreisen als cooles Abenteuer wieder entdeckt wurde, die sie vorher als spießige Achse des Bösen verächtlich gemacht hatten.

Möglichkeiten zum bürgerlichen Sündenfall hatte es gegeben, doch immer war es entweder zu früh oder zu spät, passte etwas hier oder dort nicht zusammen, waren die Zweifel zu groß und die Liebe zu klein. Die Angst vor der bedrohlichen Endgültigkeit der eigenen Wünsche war immer wieder stärker als die Sehnsucht nach ihrer Erfüllung.

Im Rückblick erscheinen die verpassten Gelegenheiten auf dem Weg zu einer geordneten Lebensführung wie die krude Empirie zu den soziologischen Erklärungen, die ein Jahrzehnt später neunmalklug nachgeliefert wurden.

Da ist von wachsender Bindungsunfähigkeit und von Traditionsverlust die Rede, vom urbanen Lifestyle-Pluralismus und der Relativierung familiärer Strukturen, die, so heißt es, durch mehrstufige Schaltkreise aus Freundschaften und Bekanntschaften ersetzt werden. »Seit 1960 ist die Zahl 25- bis 45-jähriger Singles in Deutschland um 500 Prozent angestiegen«, konstatiert der Soziologieprofessor Frank

Furedi von der Universität Kent in Canterbury und spricht von dem Trend, Liebe, Leidenschaft und Hingabe mit einer Art psychologischer »Gewinnwarnung« zu versehen: »Viele Menschen sehen Beziehungen bereits als emotionale Risikofaktoren.« So ziehe sich das Ich zunehmend auf sich selbst zurück. Doch gerade die ichbezogene Selbstverwirklichung untergräbt den Kern von Bindung, Intimität und Vertrautheit. Am Ende sitzt jeder in seiner narzisstischen Ich-Höhle, surft durchs Internet und sucht Kontakt im virtuellen Chatroom.

Dabei hatte ich mich doch, soweit mein Bewusstsein mich nicht trügt, stets nach Abwägung meiner eigenen, ganz individuellen Maßstäbe verhalten und dabei Intimität und Vertrautheit gesucht wie nichts Gutes, gern auch körperlich. Aber was konnte ich dafür, dass es eben auch leidvolle Erfahrungen mit Geli, Sigrid und Uschi gab, die im Lauf der Jahre ihre Spuren hinterließen – nicht zuletzt in Gestalt eines internen Alarmsystems mit einer janusköpfigen Beziehungsfolgenabschätzungskommission, die zu ihrem kritischen Risikogutachten stets ein positives Minderheiten-Votum lieferte. Eine Art Rürup-Kommission für das Seelenheil.

Klarer Fall: Ambivalenz war der kleinste gemeinsame Nenner, und glänzend begründete Ratlosigkeit – ganz wie in der Politik – die realistische Konsequenz.

Was aber konnte ich dafür, dass auch viele andere aus »Angst vor Schmerz und Enttäuschung« (Furedi) die feste Beziehung so fürchteten, wie sie selbstvergessen und liebesversessen nach ihr strebten?

Was konnte ich dafür, dass die immer aufdringlicher werdende Sexualisierung der Öffentlichkeit meiner eigenen langjährigen ästhetischen Wahrnehmung insoweit nahe kam, als auch ich hübschen Frauen tendenziell mehr Aufmerksamkeit schenkte als ihren weniger attraktiven Geschlechtsgenossinnen, obwohl auch diese offenbar angeborene Neigung keine geeignete Strategie zur Risikominimierung war?

Nichts konnte ich dafür, und auch ein messbar schuldhaftes Verhalten war nicht wirklich festzustellen, doch irritierend ist eine andere, späte Wahrheit: Die Erkenntnis, wie sehr das vermeintlich Persönliche, Individuelle, Typische Teil des gesellschaftlichen Mainstreams geworden ist. Wer »ich« sagt, ist längst schon im »wir«-Strom, und wer glaubt, er allein sei ein ewiger Zauderer und Abwäger, der sich nicht immer wieder neu ins nächstliegende Abenteuer auf hoher See stürzen oder in den – endlich! – ruhigen Nachbarhafen locken lassen will, befindet sich in bester Gesellschaft.

Es ist unbestreitbar: Die Skepsis gegenüber dem Glauben an die eigenen Gefühle wächst bedrohlich. Auch hier fällt es mir schwer, einen genauen Zeitpunkt zu nennen, ab dem der schleichende Wandel einsetzte. Irgendwann in den neunziger Jahren, die sowieso an allem Möglichen schuld sind, begann er: der Verfall, der Anfang vom Ende der bedingungslosen Bereitschaft, sich zu verlieben, gar, mit einer anderen Person zu »verschmelzen«, sich hinzugeben und die extreme Nähe zu suchen.

Natürlich glaubte ich zu dieser Zeit immer noch, es müsse nur die Richtige kommen, ich müsse offen sein und dürfe eben nicht »zu-« bzw. »dichtmachen«, wie es früher im WG-Küchenjargon hieß, kurz, ich solle ganz locker sein und warten, ohne dass es aussehe wie Warten – mich also stets für das Wunder bereithalten, ohne daran zu denken oder gar zu glauben. Ein wandelndes Sonderangebot ohne Preisschild und Produktinformation, das nur Auserwählte zu erkennen vermögen. Ein Ungläubiger, der erlöst werden will.

Doch diese Schlussverkaufsattitüde im dezent hochpreisigen Bereich ist wenig hilfreich, weil sie den triebhaften Urgrund des Verhältnisses zwischen Mann und Frau, Tom und Geli außer Acht lässt. Denn natürlich funktioniert das Lockersein nur, wenn man wirklich locker ist.

Wer aber immer noch die Einzige sucht und dabei auf die Uhr schaut – schon wieder Frühling ohne neue Liebe, schon wieder Sommer ohne amouröse Fahrgemeinschaft zum Badestrand: wie soll der locker sein?

Ich aber war inzwischen doch ziemlich locker geworden. Vielleicht sogar zu locker. Inzwischen wartete ich nicht einmal mehr auf irgendetwas Bestimmtes. Ich hatte mich darauf eingerichtet, mit dem Unbestimmten zu leben, soweit es den Geschlechterkampf betraf. Alle bisherigen Versuche, eine gewisse Systematik in die Sache zu bringen, waren fehlgeschlagen. In Sachen Glück und Liebe gilt – entgegen der nach wie vor boomenden Ratgeber- und Motivationslyrik – dann doch der alte Satz, dass Wissen durchaus nicht klüger macht. Auch nicht das Wissen über sich selbst.

So hatte sich bei mir neben der neuen Gegenwärtigkeit in jüngster Zeit eine Art Amateur-Buddhismus eingenistet, eine neue Gelassenheit mit euphorischen wie fatalistischen Elementen: Es kommt, wie es kommt, auch wenn es nicht kommt. Alle Wege führen ins Nirwana. Früher hatte auch mich allzu oft das Gefühl geplagt, etwas Spannendes und Aufregendes zu verpassen, wenn ich diese Party nicht besuchte oder jene Lesung versäumte, auf der erfahrungsgemäß immer ein paar attraktive Frauen sublim das Weinglas hielten. Nun war das anders.

Selbstverständlich wurde die Contenance immer wieder auf harte Proben gestellt, etwa, wenn ich auf dem Weg zur Arbeit vom Fahrrad aus eine schöne Frau auf dem Bürgersteig sah und sogleich den stechenden Schmerz verspürte, einfach an ihr vorüberfahren zu müssen.

Zuweilen versuchte ich ein zweites Mal, mich beim Fahren umzudrehen, doch schon der nächste parkende Lastwagen oder eine über die Straße irrende Touristengruppe aus Sachsen bereitete dem autoerotischen Sekundenabenteuer ein abruptes Ende. An manchen Tagen fühlte ich gleich mehrmals diesen Stachel, und in diesen Augenblicken verkörperte die schöne Frau am Bahnhof Friedrichstraße, auf der Admiralbrücke in Kreuzberg oder an der oberen Kastanienallee einen hinterhältigen Angriff auf Arbeitsmoral, seelisches Gleichgewicht und den ebenso wohlverstandenen wie rechtschaffenen Lebenssinn.

Das subversive Moment der virtuellen Straßenerotik, so empfinde ich es jedenfalls, besteht in der blitzartigen Entwertung all dessen, was den progressiven Alltag im Rest der Zeit ausmacht, das eingespielte Tagewerk des pflichtbewussten Angestellten und seine emotionale Balance im Niedrigfühlbereich.

Wie schrecklich profan und deprimierend wirken danach das mühsame Zusammenklauben der Post aus dem Fach, das immergleiche Anschalten des Computers und der routinierte Griff zur eiskalten Wasserflasche im Kühlschrank, wie lemurenhaft das Durchsehen der Tagespresse und das automatische Zerknüllen all jener unerbetenen Faxe, in denen Bataillone von Galerien, Kleinstkunstbühnen und PR-Abteilungen wichtiger Kulturträger für ihre tolle Sache werben – die Wiederholung des Ewiggleichen.

Aber dann ist es auch wieder vorbei. Selten dauert der Anfall, sich das Glück in konkreten Umrissen vorzustellen, länger als ein paar Minuten. Es muss da einen inneren Knopf geben, der das Sublimierungsaggregat anwirft, den Mechanismus einer aufgeklärten Verdrängung, das schnelle Umschalten von Abwehr auf Angriff. Oder umgekehrt.

Das funktioniert auch abends, wenn am Tresen eine Frau auftaucht und urplötzlich wieder verschwindet, auf die man womöglich jahrelang derart locker gewartet hatte, dass man, um sie zu gewinnen, auf der Stelle einen faustischen Pakt mit Mephisto abgeschlossen hätte: Verweile doch, du bist so schön.

Doch kaum kommt der Zeitungsmann mit dem »Tagesspiegel«, vertiefe ich mich schon wieder ins Feuilleton. Die Glosse – letzte Ausfahrt vor dem Wahnsinn, Rückzug auf gesichertes Terrain. Die individuelle Selbstkontrolle im Geiste der abkühlenden Vernunft ist eine lebensrettende Einrichtung.

Nur in Ausnahmefällen hilft auch der Blick ins Feuilleton nicht mehr, schon gar nicht, wenn der nächste Zeitungsverkäufer ungefähr tausend Meilen entfernt ist.

Es war irgendwann Mitte der neunziger Jahre, als ich, gerade noch 38, in einem Liegestuhl saß, dessen Füße auf dem feinen weißen Sand ihren letzten Halt fanden, während die ersten Ausläufer von Poseidons Reich schon die Zehen benetzten.

Ich befand mich auf einer kleinen, wunderschönen Resort-Insel des lang gestreckten Archipels der Malediven. Gerade war die rote Sonne dabei, ordnungsgemäß im Indischen Ozean zu versinken, der seinerseits so unglaublich türkisblau war, wie es sonst nur irgendeine nachkolorierte Ansichtskarte zu simulieren vermag.

Die leichte, fönartige Brise vom nahen Korallenriff her war nur wenig wärmer als das 28 Grad Celsius warme Wasser, und gleich würde man im Open-Air-Restaurant sitzen und sich allerlei Meeresfisch auftragen lassen, um nach dem verlorenen Beach-Volleyballspiel gegen die eingeborene Küchenmannschaft wieder zu Kräften zu kommen.

»Was ist eigentlich Dialektik?«, fragt da plötzlich die junge Dame im benachbarten Liegestuhl, der ich, zugegeben, schon in Sri Lanka Avancen gemacht hatte. Eine doppelte Fangfrage, wissensmäßig, beziehungsanbahnungsmäßig und überhaupt.

Die winzigen, gekräuselten Ozeanwellen machten sich schon an den Fußsohlen zu schaffen, als ich eilig in die Welt von Marx, Hegel und Adorno eintauchte, um ein paar Brocken aus der Dialektik der Aufklärung hervorzukramen. Simone, die in Berlin Geschichte studierte, hörte aufmerksam zu, war aber schon einen Schritt weiter auf dem Weg zur Synthese.

Während ich mich im Angesicht des rot gefärbten Himmels redlich mühte, den Begriff der »bestimmten Negation« zu erklären, hatte die junge Dame ihr Ziel bereits erreicht: Die Brücke war geschlagen, die Rollen fürs Erste verteilt. Der Mann erklärt die Welt, die Frau spinnt die Fäden.

Schon in Colombo, im altenglischen, zum Hotel umgebauten kolonialen Gouverneurspalast, hatte sie auf originelle Weise versucht, meine Aufmerksamkeit zu erregen.

Scheinbar völlig aufgelöst, auf hohen Pumps und im engen roten Kleid, war sie durch endlos lange Gänge in die postviktorianische Lobby gestürmt, um Hilfe zu holen: Der Stecker ihres Bügeleisens lasse sich nicht mehr aus der Dose ziehen. Hilfe, Hilfe! Das schlimme Ungemach zog mich magisch an, und ich wollte nur allzu gern den Red Adair des südostasiatischen Krisenbogens spielen, doch im Zimmer angelangt, erwies sich das Problem mit der Steckdose als eher zweitrangig. Durchs Fenster sah man die riesigen Wogen des Indischen Ozeans.

Nun gingen wir beide noch ein paar Schritte ins Wasser, der untergehenden Sonne entgegen, und Simone fragte angesichts der paradiesischen Szenerie mit einem ganz leichten ironischen Unterton: »Natur und Kitsch, ist das auch irgendwie 'ne dialektische Beziehung?«

Schon beim Abendessen unterm pechschwarzen Nachthimmel ging es wieder um ernste Themen, um Probleme zwischen Männern und Frauen, Minderwertigkeitsgefühle, Größenwahn, Untreue, Ekstase, Verlustangst, Verhütung und den Morgen danach.

Dann gingen wir noch einmal um die kleine Insel herum, und die Palmen bogen sich im aufkommenden Wind, als ein tropisches Gewitter losbrach. Vor dem warmen Platzregen flüchteten wir unter das Vordach meines Apartments. Von dort konnten wir in Ruhe, jedoch klatschnass, die aufgewühlte See beobachten; der erste Kuss unter Blitz und Donner war eindeutig Teil des Naturereignisses, womöglich nebenher noch dialektisch.

Eine schlechte Filmszene – wie im richtigen Leben.

Jedenfalls war es der Beginn einer wunderbaren Liebesgeschichte. Dass sie dennoch unmöglich war, zeigte sich bereits an den offenkundigen Parallelen zur Vertreibung aus dem Paradies. Schon im Berliner Wedding, zweiter Hinterhof, zweiter Stock, sah die Welt irgendwie anders aus.

Doch ich, damals noch im vergleichsweise beschaulichen Frankfurt am Main ansässig, war tatsächlich verliebt, sodass selbst die schäbige, ausgetretene Stiege wie eine Himmelsleiter aussah und die ästhetisch wie technisch (o Küche, o hängende Kabel!) noch nicht ganz ausgereifte Wohnungseinrichtung in eine wärmende, prähistorische Höhle umphantasiert wurde, in der die unvorhergesehenen Abenteuer des Lebens ihre eigenen Wege gehen würden.

Eines Abends hatte Simone auf jede Stufe beiderseits eine Kerze gestellt, und die flackernde Lichterkette führte direkt ins frisch gestrichene Schlafzimmer mit neuer Auslegware in Aprikose. Die tausend roten Rosen, die Gunter Sachs einst vom Hubschrauber aus in Brigitte Bardots Garten von Saint Tropez abwarf, konnten nicht schöner gewesen sein.

Und wie das Herz flatterte, und wie plötzlich alltägliche Geräusche, etwa das mark- und beinerschütternde Dreitonsignal der Berliner S-Bahn zum automatischen Türenschließen, sich in Fanfaren einer neuen, aufregenden Zeit verwandelten – wie alltägliche Orte unversehens zu heiligen, ominösen Stätten wurden! Wenn das Wunder erst einmal passiert ist, werden profane Dinge magisch. Das Einfache wird zur Sensation und das Schwierige einfach.

Das Aufregende an der Liebe, so versuche ich mir all das im Rückblick zusammenzureimen, liegt in der exotischen Perspektive auf ein anderes Leben – selbst dann, wenn es hier und da eher der überschäumenden Phantasie entspringt als der Wirklichkeit.

Das klassische Missverständnis besteht darin, in dieses andere Leben auch noch eintauchen zu wollen – ohne Sauerstoffflasche und Rückholseil. Schon der Versuch ist strafbar und meist der Anfang vom Ende: Das Einfache wird schrecklich kompliziert, das Verlockende bedrohlich oder langweilig, das Magische profan.

Die berüchtigten Verknotungen des Nähe-Ferne-Problems besorgen den Rest.

Als es zu Ende war mit Simone, war ich 41 Jahre alt. Schlimm genug. Schlimmer war der Liebeskummer. Nachdem der Trennungsschmerz auch nach drei Monaten noch nicht wegsublimiert war, unternahm ich mitten im trübsten November eine Spontanreise nach Nizza, wo es zwanzig Grad Celsius warm war und das Mittagessen am alten Hafen draußen serviert wurde. Es half nichts. Das Sublimierungsaggregat sprang nicht an – nicht einmal an der spätherbstlichen »Promenade des Anglais«, wo alte Damen mit exzentrischen Hüten ihre Hündchen spazieren führten und die Wellen des Mittelmeeres im ewig gleichen Rhythmus an Land schlugen.

Die Geschichte zog sich hin, beiderseits, mehrere Reprisen inbegriffen, und die Dreieinigkeit aus buddhistischer Gelassenheit, Lockerheit und Selbstkontrolle sah sich schwersten Herausforderungen ausgesetzt. Schließlich siegte der Schlussstrich – und die Erschöpfung. Die Leidenschaft und der Schmerz hatten sich über Nacht verflüchtigt. Es war vorbei.

Ich ertappte mich dabei, wie ich eine Art Zwischenbilanz meines bisherigen Beziehungslebens zog, wie ich Frauen zählte, Lebensphasen verglich und emotionale Intensitätsgrade zu messen versuchte. Ich gewichtete nach Zeit und Qualität, unterschied nach objektiver und gefühlter Dauer, sortierte ein und aus, verwarf dieses als Flirt und jenes als eher zufällige Affäre und kam schließlich auf eine Zahl: »3 bis 4«.

Drei bis vier echte, wenn auch höchst unterschiedliche und unterschiedlich lange Liebesbeziehungen ließ ich gelten. Ziemlich wenig, fand ich. Sollte das alles gewesen sein? Ich konnte es nicht glauben.

Ich glaubte es auch nicht wirklich. Viel zu schnell ging ich deshalb daran, die Probe aufs Exempel zu machen. Es musste ja irgendwie weitergehen. So begann ich zu suchen. Was eigentlich genau, wusste ich nicht.

Nun machte sich wieder der alte Drang der Generation Z bemerkbar, nach etwas Ausschau zu halten, was es gar nicht gibt – schon gar nicht in Hamburg-Eppendorf, wo man allenfalls Ulrich Wickert beim Joggen begegnen kann, während auf der anderen Straßenseite überschminkte und halstuchbewehrte Damen im Pelz zu Tengelmann stöckeln, zuweilen ein Kleinkind wie ein Accessoire an der gespreizten Hand mit sich führend.

Doch meine Sucht nach dem Unbestimmten war und ist nichts anderes als das Prinzip Hoffnung, das die Generation Z einst ja auch nur von Ernst Bloch geliehen hatte. Schon vor 25 Jahren war man »irgendwie« immer auf der Suche nach der konkreten Utopie und dem ganz anderen Leben, nach dem 6-Wochen-Urlaub auf Kreta für 250 Mark oder der richtigen Frau aus dem Großraum Stuttgart, weshalb man nicht selten »irgendwie beschissen drauf« war, die WG-Genossen in authentischer Betroffenheit anschließend »voll zulabern« musste und dann immer noch »unheimlich widersprüchlich« in die Kneipe abzog.

Auch ich war eher »irgendwie« auf der Suche. Ich hatte diffuse Abenteuer im Kopf, vage Vorstellungen, stille Hoffnungen.

Auch wenn es keiner von denen glauben wollte, die mich letztlich für einen Zyniker hielten – ich war ein Romantiker. Ein hoffnungsloser Romantiker. Daher glaubte ich der Wirklichkeit, auch der eigenen, nicht immer bis zur letzten Konsequenz. Die letzte Lebens- und Liebeserfahrung hatte mich allerdings verändert.

Die plötzliche Abwesenheit von Leidenschaft und Schmerz wirkte wie eine Befreiung. Erst recht nach dem Umzug in die Hauptstadt, wo auch hoffnungslos desillusionierte Romantiker erst einmal ganz prosaisch Augen und Ohren aufreißen, wenn der Eingeborene, zwischen Berlin-Blockade und Bau der Mauer aufgewachsen, sein strenges Wort an den Mitmenschen richtet: »Junger Mann, dit is' een Gehweech und keene Rennstrecke, wa!«

Zugleich spürte ich eine tiefe Erschöpfung nach all den Jahren des Beziehungs- und Geschlechterkampfes. Es tat gut, einmal nicht in eine unendliche Geschichte involviert zu sein, auf deren Fortgang man im besten Fall zu fünfzig Prozent Einfluss nehmen konnte, die aber das eigene Lebensschicksal für lange Zeit bestimmte und, so oder so, für immer in die persönlichen Annalen eingehen würde. Schmerzlose Normalität, so dachte ich, ist auch was Schönes.

»Who needs a heart when a heart can be broken?«, hatte Tina Turner zwar schon Anfang der achtziger Jahre gesungen, doch erst jetzt kam die Frage bei mir wirklich an.

Warum eigentlich das Ganze? Warum stets von neuem das Drama suchen, dessen Ende bekannt ist? Oft genug frage ich mich im Nachhinein, welche Rolle wohl der Zufall und die merkwürdige Eigendynamik eines einmal eingeschlagenen Weges spielen, etwa wenn aus einer intensiven Umarmung in einem bestimmten Augenblick neue Lebensverhältnisse für ein ganzes Jahrzehnt entstehen, wenn bestimmte Dinge einfach so »passieren« und an den Betroffenen wie eine Fata Morgana in der hitzeflirrenden Wüste vorüberziehen, so als wären sie Zuschauer und nicht die Hauptpersonen des Geschehens, die ihre Wahl frei und selbstbewusst getroffen haben.

Auch hier war jedenfalls die Autonomie des Subjekts schwer in Zweifel gezogen.

Früher hätte man über dieses postmoderne Phänomen der erotischen »Dezentrierung« stundenlang diskutiert, Theorien entworfen, Argumente ausgetauscht, kritisch Selbstveränderung angemahnt und Visionen formuliert.

Zwanzig Jahre später wird gehandelt. Das marginalisierte Subjekt wehrt sich seiner Haut. Dabei ist die unverkennbare Erschöpfung im Kampf um Glück und Liebe – keineswegs mit dem präsenilen Abflauen des erotischen Interesses zu verwechseln – bereits ein handfestes Argument, und die kritische Selbstveränderung hat längst stattgefunden.

Nur fällt sie anders aus als ehedem geplant: Man legt eine weitere Schutzschicht an. Vorsicht ist nun mehr denn je die Mutter der Beziehungskiste. Also doch: die Panzerung verstärken. Sicherheitshalber.

»Weg mit dem Packeis!«, hatte dagegen die Generation Z ein halbes Leben lang todesmutig gerufen und gegen psychische Verdrängung, »männliche Körperpanzer« (Klaus Theweleit) und Abwehrketten aller Art gekämpft. Ob in der Männergruppe, in der Therapiestunde oder im strengen Zwiegespräch mit dem anderen Geschlecht auf dem ungemachten Hochbett – immer ging es um Sensibilität, Offenheit, Veränderungsbereitschaft und Einfühlungsvermögen im schier endlosen »Beziehungskrampf«.

Selbst in der antiimperialistischen Stadtteilgruppe, die zur Kaffee-Ernte nach Nicaragua fuhr, lautete die neue, postmarxistisch weich gespülte Parole: »Solidarität ist die Zärtlichkeit der Völker!«

Es war die Zeit, als das berühmte »Kursbuch« ein Heft unter dem programmatischen Titel: »Verkehrsformen 1. Frauen Männer Linke. Über die Schwierigkeiten ihrer Emanzipation« veröffentlichte, in dem es unter anderem um den »Objektiven Faktor Subjektivität«, »Die Abenteuer des falschen Bewusstseins« und »Die Sache der Frauen« ging.

Der Schriftsteller Peter Schneider formulierte darin unter der zeitgemäßen Überschrift »Die Sache mit der ›Männlichkeit‹. Gibt es eine Emanzipation der Männer?« die Frage eines historischen Spagats, der sich ein Vierteljahrhundert später bereits zur Hälfte erledigt hat: »Wie aber sollen die Männer lernen, ihre Verletzbarkeit auszudrücken, wenn auch noch der Kampf gegen den von den Männern erfundenen Kapitalismus von ihnen ›unnachgiebige Härte‹ verlangt?«

In jenen Jahren, das muss man wissen, prangte vielerorts eine ebenso charismatische wie charmante Parole an den Häuserwänden, die unverkennbar noch dem alten linken Geschichtsoptimismus verpflichtet war: »Hart gegen die Bullen, zart im Bett!«

Diese Form der geschlechtsspezifischen Doppelbelastung ist nun allerdings auch schon Geschichte. Inzwischen verlangt nicht einmal mehr die Frauengruppe der Gewerkschaftsjugend von ver.di kompromisslose männliche Härte im Kampf gegen das Großkapital.

Es war zugleich die hohe Zeit des »Softies«, jenes Typs Mann, der unermüdlich danach strebte, sich auf eine Frau »einlassen« zu können, bevor er sich in der Beziehungskiste mit ihr endgültig lieb und vertrauensvoll »fallen ließ« – bis er irgendwann höchstpersönlich und ganz schön unsensibel von Geli oder Gaby fallen gelassen wurde.

Er war der Kuschelarbeiter im Geschlechterkampf, dessen taktische Siege sich in Streicheleinheiten messen ließen.

In seltenen Grenzfällen tendierte er dazu, selbst eine Frau werden zu wollen. Unter den riesigen, Einmannzelt-artigen Pullovern, die er meist trug, wenn er im »Stattcafé« gegen zwölf Uhr mittags seine Cappuccino-Schüssel ausschlürfte, schien die Differenz der sekundären Geschlechtsmerkmale rein optisch schon verschwunden.

Der Softie-Mann war der sanfte Gegenentwurf zur überkommenen Männerrolle und der natürliche Feind jenes bösen »Machos«, den die Frauenbewegung der siebziger Jahre kein bisschen beeindruckt zu haben schien. »Patriarchat«, »repressive Penetration«, »Phallozentrismus« und »klitoraler Orgasmus« blieben Fremdworte für ihn; seine » konkrete Vögel-Praxis«, wie es damals in einer Alternativzeitschrift formuliert worden ist, wurde keineswegs »frauenfreundlicher«, und nach wie vor benotete er »geile Ärsche« im Freibad von 1 bis 10.

Die Sache war ja auch ganz einfach: Er war der wahre Freund der Frauen. Basta.

Während der bekennende Chauvi seine Stärken – breitbeiniger Gang, schwere Lederjacke und angeborenes Draufgängertum – unbekümmert weiter ausbaute, war der Softie stolz darauf, den Frauen seine Schwächen vorzeigen zu dürfen wie die Ordenszeichen einer neuen Menschheitsepoche, in der die Unterschiede zwischen den Geschlechtern langfristig sowieso aufgehoben sein würden.

Doch schon damals, nach einer gewissen Zeit der individuellen Schockverarbeitung angesichts der feministischen Generalattacke auf die gewalttätige, männlich-genitale Sexualität (»Schwanzficken«!), stellte sich heraus, dass die Chauvis bei den Frauen am Ende deutlich mehr Eindruck hinterließen und unmittelbar erfolgreicher waren als jene stets kommunikationswilligen Softies, die als langhaarige Wuschel-Avantgarde den zeitgenössischen Frauen- und Menschenverstehern à la Fliege, Kerner und Beckmann erst den Weg für ihren grenzenlosen TV-Kuscheltalk frei gemacht hat – eine historische Schuld, die noch der kritischen Vergangenheitsbewältigung harrt.

Die bittere Erkenntnis ließ damals auch mich nicht unberührt, der ich mich zeitweise durchaus eher den Softies als den Chauvis zurechnen mochte. Eines schönen Tages begriff ich, ähnlich wie Peter Schneider, der seine einschlägigen Erfahrungen mit dem Status des »guten Freundes« hilfsbedürftiger Frauen an anderer Stelle niedergeschrieben hatte, dass Verständnis und Sensibilität zu den Todfeinden erotischer Attraktivität und sexueller Spannung zählen.

Logisch: Wer will auch schon mit unbegrenzt aufnahmebereiten Problemfängern, beflissenen Hobbytherapeuten und verständnisinnigen Sozialarbeitern ins Bett gehen, die es immer nur auf den guten Zweck abgesehen haben?

Die Wahrheit ist: Die Frau will begehrt und geliebt werden, ohne Beruf und Karriere über Gebühr zu vernachlässigen. Ob sie dann auch noch verstanden werden will, ist eine andere Frage.

Ob Männer überhaupt in der Lage sind, das

komplizierte Gefühlsleben der modernen Frau auch nur annähernd zu verstehen, ist höchst umstritten und seit den frühen achtziger Jahren nur noch zweifelhafter geworden. Auch die historisch-kritische Bewertung der empirischen Erfahrungen aus der Softie-Epoche liefert hier wenig ermutigende Hinweise.

Umgekehrt ist von Frauen immer wieder zu hören, dass das frei laufende Männerangebot in der entsprechenden Alters- und Preisklasse ausgesprochen dürftig sei.

Gerade die Geschlechtsgenossinnen der Generation Z, die unzählige Nächte über die Frage »emanzipierter Verkehrsformen« zwischen Mann und Frau diskutiert haben und dem Drama der Beziehung immer auch so etwas wie weibliche Identität abgewinnen wollten, möchten das Niveau ihrer gewonnenen Ansprüche und Freiheiten ungern aufgeben. Da wird die eigene Biographie schon mal zum akuten Hindernis bei der Partnersuche.

Nachdem all diese Irrungen und Wirrungen selbst Teil der Sittengeschichte aus den Untiefen der siebziger und achtziger Jahre geworden sind, erscheint auch meine aktuelle Erschöpfung wie das symptomatische Resultat eines historischen Patts im Geschlechterverhältnis.

Dass so oft nichts mehr zu gehen scheint zwischen Männern und Frauen, könnte auch an einer Art Gleichgewicht des Schreckens liegen, an jener bis zum Überdruss ausdiskutierten und ausgefeilten Präzision, in der die jeweiligen Positionen, Wünsche und Argumente einander vorgehalten und zuweilen auch handfest um die Ohren geschlagen werden.

Gerade die Generation Z, deren Leitmotiv die offene und emotionale Diskussion über alles und jedes war, hat es sich in den vollends aufgeklärten Schützengräben des Geschlechterkampfes bequem gemacht und betreibt in Liebesdingen weithin eine subtile Präventionsstrategie aus aktiver Gefahrenabwehr und vorbeugender Risikominimierung.

Ein aparter Stellungskrieg. Wer sich zuerst bewegt, so lautet die unausgesprochene Regel, hat schon verloren. Eine organisierte Kampfansage ans ungeplante Unglück.

Von der endemischen Beziehungsflucht bis zum minutiösen Ehevertrag, von der andauernden Vernunft- und Sicherheitspartnerschaft bis zum wohlkalkulierten Abenteuer – überall hat sich ein abwägend schmerzlinderndes, rationales Denken entwickelt, das die Leidenschaften wie ein feines Netz durchwirkt. Es existiert nicht jenseits der Wünsche und Triebe, sondern diesseits, mittendrin – eine offensichtliche Kulturleistung, zu der die Frauenbewegung, alt wie neu, ebenso beigetragen hat wie die unaufhaltsame Liberalisierung und Modernisierung der Gesellschaft. Je weniger unbefragte Traditionen und Tabus in der Gesellschaft, desto mehr Fragen, die das Individuum an sich selber richten muss. Je mehr

Gleichberechtigung bei den tagtäglichen »Gender-Studies« im ganz normalen Beziehungschaos, desto dringender die Eigenverantwortung und Autonomie bei der erotischen Selbst-Vorsorge.

Nur so ist auch meine hauchdünne, aber wirksame emotionale Schutzfolie zu verstehen, die wie ein eng anliegender Neoprenanzug funktioniert: Beide schützen vor äußeren Umwelteinflüssen wie Gefühlskälte, Nässe und anderen Zudringlichkeiten, lassen aber Atmung, Kommunikation und den Austausch von Körperflüssigkeiten zu.

Unvergessen bleibt mir jene Nacht mit einer Frau, die es womöglich ein bisschen mehr auf mich abgesehen hatte, als es mir lieb war. Das kleine Missverhältnis, das auch ein Missverständnis war, hatte schon das sexuelle Abenteuer seiner eigentümlichen Leichtigkeit beraubt, und nur mit einiger Mühe und der hart erworbenen kommunikativen Kompetenz der Generation Z überstand man die Reise ans Ende der Nacht moralisch unbeschadet.

Das Frühstück, welch ein Segen, fiel dem Zeitmangel zum Opfer, und kaum war ich wieder allein, stürzte ich mich jubelnd auf den Staubsauger: Im Handumdrehen wurden alle Spuren der kurzen Zweisamkeit beseitigt – es war wie eine Befreiung. Ich schämte mich ein bisschen und lächelte in mich hinein.

Dass es einmal so weit kommen würde mit mir, hätte ich nie geglaubt. Mein Leben lang war mein

Selbstbild das eines eher emotionalen denn kühl berechnenden Menschen, der mühsam lernen musste, dass es auch auf dem Schlachtfeld der Gefühle um Strategie und Taktik geht, um Lüge und Verstellung, um List und Tücke, nicht zuletzt: um Stärke und Schwäche.

Wahrscheinlich ist es eine jener ebenso unvermeidlichen wie unverschämten Zumutungen des Älterwerdens, dass man wider das eigene Wesen und gegen starke innere Widerstände gezwungen wird, aus Erfahrungen zu lernen, ohne es am Ende tatsächlich besser zu machen.

Das Merkwürdigste aber ist wiederum eine, Pardon, besondere Art von Dialektik: Enttäuschung und Desillusionierung nehmen im Geschlechterkampf nach vierzig naturwüchsig und letztlich unaufhaltsam zu – auf der anderen Seite aber steigen auch die Ansprüche! Statt sie angemessen und zivilisiert herunterzuschrauben, wie es der Logik einer ausgereift existenzialistischen Grundhaltung entspräche, entschweben sie hier und da ins geradezu phantastisch Unerfüllbare.

Wider alle Erfahrung und jenseits jeder rationalen Einsicht taucht die längst verabschiedete konkrete Utopie plötzlich wieder auf und erscheint, jedenfalls dem heterosexuellen europäischen Mann Mitte vierzig zwischen Ende Mai und Anfang September, im Bikini des Begehrens – und in der übrigen Zeit im ebenso pathetischen wie kindischen Wunsch, doch noch von einem Wesen des anderen Geschlechts im tiefsten Innern verstanden zu werden.

Während die reine Vernunft die Hände über dem Kopf zusammenschlägt und dem Großhirn dringend rät, Kompromisse mit den fundamentalistischen Kräften im limbischen System einzugehen, sagt die teuflische Trias aus Trieb, Gefühl und ästhetischer Weltanschauung:

Wir wollen alles – und zwar jetzt. Schönheit, Klugheit, Anmut. Sonst nichts.

Der radikale Geist der alten Sponti-Forderung, politisch längst erledigt, hat klammheimlich seine private Nischenkultur gefunden. In ihr überleben die letzten Träume eines anderen Lebens – in Gestalt einer anderen Frau, eines Gesichts, eines Blicks, einer vorüberhuschenden Situation, einer fast vergessenen Ahnung.

Bei mir scheinen sich die offenkundig überzogenen Ansprüche derart verselbständigt zu haben, dass ich sogar mit ihrer Negation leben kann: Dann eben nicht. Oder wie einst in ganz anderem Zusammenhang, aber genauso entschieden ein gewisser Hagenbuch, das Alter Ego des Kabarettisten Hanns Dieter Hüsch, der Wahrheit eine freie Gasse schlug: »Es geht auch ohne Möbel.«

Was aber ist mit jenen Ansprüchen, denen ich im Ernstfall selbst genügen müsste? Was habe ich denn zwischen Mai und September zu bieten? Und wie sieht es eigentlich in der übrigen Zeit mit meiner

Attraktivität aus? Habe ich noch Sex, oder spiele ich schon Golf?

»Das erotisch-sexuelle Gehäuse beginnt zu bröckeln«, hatte ich mir neulich schnell in der S-Bahn notiert, als wieder einmal ein optischer Vergleich mit dem vorbeirasenden Oberkörper eines männlichen Unterwäschemodels, dessen exorbitante Bauchmuskulatur vom Riesenplakat herunterglänzte wie ein durchtrainiertes Makrelenfilet, meine männliche Selbstwahrnehmung in eine mindestens fünfminütige Krise stürzte.

In solchen Augenblicken hilft auch die Bekundung vieler Frauen nicht wirklich weiter, diese tollen waschbrettartigen flachen Männerbäuche, all die breiten Schultern und wohlgeformten Oberarme ließen sie sexuell völlig kalt – viel wichtiger seien Ironie, Charakter und ausdrucksstarke Ohrläppchen.

Ich glaubte diesen Beteuerungen kein Wort. Ich glaubte auch jenen Männern kein Wort, die im Fragebogen des »FAZ-Magazins« selig in der Rubrik der wichtigsten weiblichen Eigenschaften zuverlässig »Charakterstärke« oder »Humor« zu Protokoll gaben. Warum nicht gleich: »Das Tragen von dicken, hochgeschlossenen Rollkragenpullovern«? Es sind meist dieselben, die noch mit siebzig bei »Boulevard Bio« sitzen und davon erzählen, wie schön und beglückend es ist, älter zu werden und endlich Zeit dafür zu finden, Marcel Prousts Kolossalroman »À la Recherche du temps perdu« im Original zu lesen.

»Charakter und Humor hab ich selber«, murmelte ich dann kopfschüttelnd vor mich hin und dachte an mein persönliches Ranking der wichtigsten weiblichen Eigenschaften.

Humor gehörte selbstverständlich auch dazu.

Es ist wahrlich kein bösartiger Geheimnisverrat, wenn man darauf hinweist, dass sich irgendwann um das vierzigste Lebensjahr herum das Körpergefühl dramatisch zu verändern beginnt – und damit das Bewusstsein von der eigenen sexuellen Attraktivität. Es geht nicht mehr um Pubertätspickel, peinlichen Bartflaum oder andere wachstumsintensive Teile des Körpers, sondern um schmerzliche Vorboten eines ontologischen Schrumpfungsprozesses.

Kein Fitnessstudio der Welt kann daran etwas ändern, weder Brustimplantate noch die alljährliche Hautstraffung samt Fettabsaugen, weder Dauerjoggen im Regen, Yoga oder jahrelange Uschi-Glas-Ananas-Diäten: Die süße Haut der Jugend ist verloren, die Spannkraft nicht nur im Haar perdu. Und der Dreiwetter-Taft wird allmählich auch egal.

Bei allen individuellen und geschlechtsspezifischen Unterschieden – von der genetischen Ausstattung bis zur richtigen oder grundfalschen Ernährung, ob mit Sport oder ohne, ob dick oder schlank, gut aussehend oder eher unscheinbar –, das Phänomen der abnehmenden Grenzschönheit trifft jeden, den einen früher, den anderen später. Immer aber völlig unvorbereitet. Eine echte Zumutung. Eine böse Ahnung nimmt Gestalt an: Irgendwann werden alle achtlos an dir vorbeilaufen. Als sexuelles Wesen wirst du unsichtbar sein. Ein Neutrum in Jeans, ein Untoter mit der Ausstrahlung von Max Schautzer.

Ich hatte mich dieser Zumutung irgendwann gestellt, ohne sie noch allzu ernst zu nehmen. Mag sein, dass hier der sprichwörtliche männliche Vorteil in der zweiten Halbzeit des Lebens eine Rolle spielt: Ausgesprochen schön musste man ja nie sein, und selten kam ich in die Verlegenheit, mich aus Altersgründen von allzu gewagten Tops, hautengen Hosen oder winzigen, rechts wie links geschlitzten Miniröcken zu trennen.

Mein Kosmetika-Verbrauch stieg im Lauf der Jahre nur unwesentlich, und gegen die Falten im Gesicht half fürs Erste der notorische Hinweis auf Charakter und Humor (siehe oben), nicht zuletzt die sentimentale Erinnerung an all die butterweichen Flanken von rechts, die sich im Frankfurter Grüneburgpark einst mit der über dem Palmengarten untergehenden roten Sonne so romantisch wie revolutionär gepaart hatten – damals, als Männer noch Kinder sein durften und man darauf ordentlich einen trinken ging.

Selbstverständlich achte ich seit Jahren auf meine Figur, treibe mäßig Sport im mittleren Pulsfrequenzbereich, bevorzuge mediterrane und asiatische Kost und kenne die alte Lebensregel, der zufolge nur der

Glückliche das Glück anzieht. Also versuche ich, glücklich zu sein. Bis dahin bemühe ich mich, halbwegs gut auszusehen.

Doch niemand entgeht seinem Schicksal. Unweigerlich sieht sich der männliche Mittvierziger mit einem fatalen Phänomen konfrontiert, das seine Schande und sein Glück markiert ebenso wie den Grund zu einer Art von homerischem Lächeln: der Blick auf junge Frauen, auf jene Wesen, die noch das Privileg der süßen Haut besitzen.

Die Sache ist so alt wie Bibel, Talmud und der Kanon der Weltliteratur: Herren im gereiften Alter werfen ihr Auge auf Frauen, die, rein biologisch, ihre Töchter sein könnten. Auch der umgekehrte Fall trägt sich im Zuge der alltagspraktischen Gleichberechtigung zu – Tendenz steigend –, doch der Klassiker bleibt die Liaison zwischen Mann, Mitte vierzig, und Frau, Ende zwanzig. In der verschärften Ralph-Siegel-Sky-Dumont-Variante vergrößern sich die zeitlichen Abstände noch über Jahrzehnte. Wo globale Prominenz oder Milliarden im Spiel sind, treten auch Scheintote noch vor den Altar ihrer allerjüngsten Jugendliebe.

Dass auch die Generation Z diesem Schema nicht gänzlich entkommen würde, war vorhersehbar. Aber doch nicht so platt, so konventionell, so ganz ohne transzendente Alternative. Das haben wir nie gewollt. Das waren doch immer die anderen, fette Spießer, reaktionäre alte Säcke, alternde Lustmolche.

Aber hier war es mir wie allen anderen ergangen: Ich habe es lange nicht gemerkt.

Das Abonnement auf die ewige Jugend, das seit den siebziger Jahren galt, lief einfach weiter. Jahr für Jahr wurde es im Geiste des eigenhändig erfundenen Vorrechts verlängert – bis ich eines Tages, innerlich jung geblieben und im Feld der Berufsjugendlichen-Ehre noch fast unbesiegt, eine Party-Kolumne im »Tagesspiegel« sah. Darin war zu lesen, dass einige der altgedienten Berliner Clubgänger jetzt auch schon »brutal auf die dreißig« zusteuerten. Das war der Augenblick, in dem ich das Dauer-Abo endgültig kündigte.

Es war auch eine Befreiung.

3. Der Single: Die 1-Mann-Kommune der Generation Z

Leben nach den eigenen Bedürfnissen: Die Freiheit, entscheiden zu müssen – »Was geht mich Vietnam an? Ich habe Orgasmusschwierigkeiten!«: Von der Kommune 1 zur 1-Mann-Kommune – Der Druck der unbegrenzten Möglichkeiten – Wenn keiner einem eine Wärmflasche macht: Krisenmomente im Singledasein – Für jedes Bedürfnis ein anderes Gegenüber: Von den Beziehungsnetzen des Singles – Oder doch ganz anders? – Kind und Reihenhaus als verpasste Alternative

Die römischen Sklaven träumten von ihr ebenso wie Thomas Müntzers wilde Bauernhaufen oder die französischen Sansculotten von 1792 – von der Freiheit. Sie träumten von der Freiheit von feudaler Abhängigkeit und herrschaftlichem Zwang, von Glaubensterror, Ausbeutung und Armut. Das Ziel ihrer massenhaften Erhebung war die heiß ersehnte Möglichkeit, ihr Leben als freie Menschen selbst bestimmen zu können.

Im Jahr 2003 ist dieser ur-europäische Traum weithin in Erfüllung gegangen.

Doch der Sieger der Geschichte auf dem alten Kontinent ist keine erfolgreiche revolutionäre Bewegung, keine aufsteigende Klasse und keine unwiderstehliche Ideologie globaler Befreiung – es ist der allein lebende Mensch, der sich seine Portion Rahmspinat selber warm macht: der »Single«.

Er repräsentiert eine historisch neue Spezies, die in großen Städten – von Berlin bis São Paulo – schon die Hälfte aller privaten Haushalte erobert hat. Glaubt man den Soziologen, wird sie sich noch weiter ausbreiten. Der Single, so scheint es, ist die kulturelle Speerspitze der postmodernen Zeit, eine wandelnde Kreditkarte mit Handy und Internetzugang, dabei restlos aufgeklärt und hoch mobil: die allseits entwickelte Persönlichkeit mit einer globalen Werbebotschaft als Metaphysik-Ersatz: »Die Freiheit nehm ich mir!«

Jenseits von Fremdherrschaft und Familienterror, dafür mit Fußbodenheizung und Pizza-Service, hat er die Utopie des Kommunismus im Einmannbetrieb erfüllt: Er lebt nach seinen Bedürfnissen. Eine wunderbare, aber auch eine schreckliche Sache. Denn was sind bloß »meine Bedürfnisse« – das ist hier die Frage, wenn ich wieder mal über die Alternativen der Abendgestaltung nachdenke und oft zu keinem rechten Schluss komme: Champions League im TV, rotes Hühnercurry Nr. 133 mit Elke oder doch lieber weiterlesen in Alessandro Manzonis epischem Romanklassiker aus dem 19. Jahrhundert, »Die Verlobten«?

Der Single 2003 ist der erste Mensch, der sich diesen und ähnlich schwierigen Fragen des Daseins unermüdlich stellen muss – und immer wieder daran scheitert.

Da ist jeder ganz allein, ein kleiner Karstadt-Zarathustra, ein Austern-Autonomer von eigenen Gnaden. In der fortgeschrittenen Massengesellschaft aufgewachsen, mit Protest und Revolte groß geworden und im Konsum beinah ertränkt, wurde er zum Individualisten, zum freundlichen Einzelgänger, der mit Optionen auf sein eigenes Leben handelt.

Wenn er in seinen Vierzigern ist, schon mal in einer Wohngemeinschaft gelebt hat und sich noch an den »Roten Kalender gegen den grauen Alltag« erinnern kann, dann gehört er wohl oder übel dazu – dann ist er eine Art selbst kochende 1-Mann-Kommune der Generation Z, ein übrig gebliebener Lebensweltler, der den kritischen Diskurs nun überwiegend mit sich selber führen muss und längst gelernt hat, exakt die richtige Menge Spaghetti ins kochende Wasser zu werfen.

Er ist ein überzeugter Selbstbestimmer und Libertin, aber er kennt auch den Fluch der Freiheit so gut wie seinen Weinvorrat. Er weiß, dass er unverschämt privilegiert ist und seine Probleme überwiegend Luxusprobleme sind, Wehwehchen eines Wohlstands, der sich im Weltmaßstab geradezu obszön ausnimmt – trotz Arbeitslosigkeit, Konjunkturflaute und Rentenkrise.

Wenn es dem Single mal wirklich nicht gut geht, dann wird er böse und ungerecht gegenüber dem Rest der Welt, dann kann er über Erdrutsche, Vulkanausbrüche und Überschwemmungen andernorts nur sarkastisch höhnen: Haha, krächzt er dann in sich hinein, das sind wenigstens handfeste physische Herausforderungen, archaische Naturgewalten, Blut, Schweiß und Tränen, Leben pur – und den Tod gibt es gratis noch dazu.

Er aber, er leidet unter exklusiver Seelenpein, subtilster Einsamkeit und den Zumutungen der virtuellen Realität: Was ist schon ein Zugunglück in Indien gegen sein Gefühl am Samstagabend, sich ums Verrecken nicht zwischen Kino und Zuhausebleiben entscheiden zu können? Was sind die Schlammfluten in Kolumbien gegen die akute posttraumatische Schreib-Erschöpfungsdepression im endlosen deutschen Winterdunkel?

In solchen Augenblicken erinnere ich mich gern an die legendäre Kommune 1, an Dieter Kunzelmann und seine historische Frage: »Was geht mich Vietnam an? Ich habe Orgasmusschwierigkeiten!«

Zwischen der Kommune 1 von 1967 und der 1-Mann-Kommune von 2003, so scheint es, existieren geheime Verbindungslinien: eine Art innere Entwicklungslogik. Waren die halb nackten Kommunarden, die angeblich wild durcheinander vögelten und Pudding-Attentate auf den amerikanischen Vize-Präsidenten vorbereiteten, etwa Vorboten der empfindsamen Metropolen-Singles, denen zum perfekten Glück eigentlich nur noch die Lätta im Kühlschrank fehlt, wenn eine neue Bar-Bekanntschaft überraschend bis zum Morgen geblieben ist?

Waren all die lebenskulturellen Experimente in den siebziger Jahren – von der Wohngemeinschaft übers »Hüttendorf« bis zum Autorenkollektiv – vielleicht nur die Trainingscamps für den befreiten Individualisten in der Maisonette-Wohnung mit offener Küche und cooler Feuertreppe im Manhattan-Style?

Hat sich das Private aus dem Politischen, das Individuelle aus dem Gruppenzwang also irgendwie herausgemendelt? Ein böser Verdacht gegenüber der obwaltenden List der Geschichte kommt auf: War das Leben im Geiste des Kollektivs am Ende eine einzige Vorbereitung auf die komfortable Einzelhaft des Single-Daseins?

Niemals jedenfalls werde ich vergessen, wie ich Mitte der achtziger Jahre des Öfteren sonntagmorgens in die WG-Küche kam, um mir ein Brötchen mit Butter und Marmelade samt Kaffee zu holen und schnell wieder im Bett zu verschwinden. Nicht selten bis in die Nacht hatte ich damals im »Pflasterstrand« gearbeitet und auf dem Weg nach Hause noch die gesamten Druckunterlagen der neuesten Ausgabe des Frankfurter Sponti-Blatts in der Druckerei des »KBW-Hauses« abgeliefert. Ich hatte also ziemlich kleine Augen und war auch sonst wenig öffentlichkeitstauglich, als ich am Morgen in die Küche trat und den voll besetzten Frühstückstisch begutachtete. Ergebnis: kein Platz nirgends. Und wo war bloß die Erdbeermarmelade?

Die drei Mitbewohnerinnen hatten ihre hungrigen Freunde zu Gast, die eifrig zugriffen, und nur mit einiger Mühe konnte ich mich nach und nach der verschiedenen Elemente meines kleinen Bettfrühstücks bemächtigen, wobei mir wenigstens die Nahkampferfahrungen in der Bundeswehrkantine von Ellwangen anno 1975 zugute kamen. Auch in jener fernen Zeit, an den endlos langen Bänken voller ausgehungerter schwäbischer Soldaten, war es ein echtes

Kunststück gewesen, zumindest ein paar Sekunden lang Brot, Butter und Marmelade zur gleichen Zeit in den eigenen Besitz zu bringen, um sich am Ende nicht mit kläglichen Resten begnügen zu müssen, bevor es zum Appell ging. Immerhin war es ein fairer Kampf unter Gefreiten.

In der WG-Küche aber lasteten die kritischen Blicke der WG-Genossinnen und ihrer Freunde tonnenschwer und hochnotpeinlich auf mir, der ich mich wieder mal außerhalb der Gemeinschaft stellte und nur meinen persönlichen Vorteil – frische Erdbeermarmelade mit Zeitung im eigenen Bett – im Auge hatte. Immer wieder war zudem WG-intern moniert worden, dass ich mich zu selten am allabendlichen Kochen und dem gemeinsamen Abendessen beteiligte und auch sonst auffällig oft in meinem Zimmer verschwand, um meinen persönlichen Angelegenheiten nachzugehen.

Meinerseits aber hatte ich auch schon den ein oder anderen Einwand gegen Gäste der Wohngemeinschaft vorgebracht, die nachts um zwei die Phonstärke der Boxen im Nachbarzimmer mit der neuesten Tom-Waits-LP austesteten und anschließend unbekümmert darangingen, den mittelalten Gouda im Kühlschrank niederzumachen, ganz zu schweigen von der überfallartigen Dezimierung der Wein- und Biervorräte.

Als ich schließlich doch den kleinen weißen Teller samt Kaffeetasse aus der Küche erfolgreich in mein Zimmer balancierte, kam mir im Bruchteil einer Weltsekunde die Frage in den Sinn, warum ich eigentlich im Alter von 31 Jahren gezwungen war, in meiner eigenen Wohnung mit derart schlechtem Gewissen mein bescheidenes Sonntagsfrühstück einzunehmen, ganz so, als hätte ich die Lieblingsplatte von Geli ruiniert oder vergessen, die Badewanne sauber zu machen.

Historische Augenblicke kommen zuweilen beiläufig daher und finden erst später ihre angemessene Anerkennung in der Geschichtsschreibung – und so wird auch erst im Rückblick klar, dass die wiederholten Sonntagmorgenerlebnisse in der überfüllten Wohngemeinschaftsküche substanziell dazu beigetragen haben, aus mir einen typischen Single zu machen.

Dabei war ich, wie viele aus der Generation Z, über Jahre ein engagierter Gruppenmensch gewesen, wie es die Zeit des Aufbruchs verlangte. Vom Gruppenreferat in der Uni über das »Projekt« (damals hatte fast jeder irgendein Projekt, bei dem er mitmachte), von der gemeinsamen Fahrt in den Urlaub mit dem VW-Bully bis zu Vollversammlungen bei den Gesellschaftswissenschaftlern, von ausufernden Wohngemeinschaftsfesten bis zum »Zentrum«, dem Megaprojekt der siebziger Jahre, aus dem später jenes kommunale »Kulturzentrum« wurde, das die westdeutsche Bundesrepublik flächendeckend mit Diskurs, Folkloretanz und authentischer Kommunikation überzog – das Leben spielte im Kollektiv.

Dort aber lernte die Generation Z zugleich die Grenzen der Gruppe kennen, die strukturelle Überforderung des Lebens in der Gemeinschaft, nicht zuletzt seine moralisch überhöhten, teils dogmatischen Ansprüche, die sich in der strikten Durchsetzung des Abwasch- und Einkaufsplans zeigen konnten, aber auch in einem leicht bigotten Rigorismus gegenüber abweichendem Sozialverhalten: Du, damit hab ich echt ein Problem, du, echt, du …

In der WG musste man kritisch sein, hart, aber auch zart, verständnisvoll und durchsetzungsstark, tolerant und egoistisch, zur Abstraktion fähig und alltagspraktisch begabt. Man musste Geli trösten, für Werner ein bisschen Mutti spielen, Referate über die Grenznutzentheorie schreiben, die Revolution vorbereiten und das Käse-Kartoffel-Gratin vor dem Anbrennen bewahren, dazu mit dem Hausmeister über die politisch fragwürdige Einhaltung der Hausordnung diskutieren und mit Sarah über das verkorkste letzte Wochenende.

Es war einfach zu viel. So schön es war, so chaotisch geborgen, so abenteuerlich und gemütlich, mit Zukunft aufgeladen und aufregend gegenwärtig – spätestens mit Anfang dreißig hatte man genug davon. Es ging nicht mehr. Auch hier war schon eine gewisse lebensweltliche Erschöpfung festzustellen. Die revolutionäre Spannkraft ließ deutlich nach.

Dann begann sie von neuem, die Suche nach dem Glück. Diesmal allerdings eher in erster Person Singular.

Nachdem ausreichend ideologischer Ballast abgeworfen worden war, konnte das perfekte Käse-Kartoffel-Gratin kurzfristig schon mal zur Hauptbeschäftigung werden. Nach der Abspaltung utopischer Ambitionen und revolutionärer Energien avancierte ein vitaler Perfektionismus zur neuen Ersatzreligion. Nun sollte es einem ganz einfach nur noch gut gehen. Das Beste daran: Der Frühstückstisch war immer frei zugänglich und völlig selbstbestimmt.

Die Erfahrungen mit dem Leben zwischen Hochbett, Uni-VV und Flokati-Teppich waren äußerst nützlich für diese neue Lebensphase, denn ein Großteil der Generation Z begab sich auf den Weg der »bourgeoisen Bohemiens« – jener »Bobos«, wie sie der amerikanische Autor David Brooks porträtiert hat: »Genies der Lebensläufe«, die aus alten, unüberbrückbar scheinenden Widersprüchen neue Wirklichkeiten fabrizieren.

Damals waren sie diejenigen, vor denen ihre Eltern sie immer gewarnt hatten, Tagträumer und Unruhestifter, doch nun wurden sie zu jenen neuen Besserlebenden, die die immaterielle mit der materiellen Welt versöhnten, das antiautoritäre Element des Protests mit der schönen neuen Welt der Waren: Autodidakten der Sinnstiftung, recht unorthodox und ziemlich erfolgreich.

Ihr Programm, das Hedonismus und Effizienz verbinden sollte, verströmte noch einen Rest von »Hotel California«-Feeling und On-the-Road-again-Habitus: Power-Working und Extreme-Relaxing, eine hybride Kultur aus Restbeständen von Boheme und Bürgertum, Revolte und Tradition. Und wieder lagen sie im Trend der Zeit.

Als hätten sie die Marketing-Erkenntnisse der Zukunft schon vorausgeahnt, benahmen sie sich bereits wie jene »Master Consumers«, auf deren Kaufkraft es die Wirtschaft dieser Tage offenkundig abgesehen hat. Heute sind die so genannten »jungen Alten« zur attraktiven Zielgruppe geworden, egal ob sie »Best Agers« genannt werden, »Kukidents« oder »Selpies« – »second life people« mit der Kraft der zwei Herzen und der drei Kreditkarten.

Schon haben sich, so hört man, kleine Hotelketten auf die neue Klientel mit Hang zum Zweit- und Dritturlaub spezialisiert: Badezimmer, groß wie Garagen, die Gänge taghell erleuchtet wie die einstigen Grenzübergänge der DDR und die Schrift der Speisekarten im Restaurant so riesig, dass auch Harald Schmidt sie mühelos vom Blatt lesen kann.

Keine Frage: Die neue Mitte, Nachfolgerin der weinseligen »Toskana-Fraktion«, war längst geboren, bevor sie Gerhard Schröder 1998 für seinen Wahlkampf entdeckte.

Aber wie die neue Mitte als Leuchtturm des Zeitgeists in der Wirtschaftskrise zu verschwinden droht, so schwankend und hochflüchtig sind auch die Konturen und Stimmungen des »Bobo«-Singles.

Es war wohl immer schon so: Wem es vergleichsweise glänzend geht, der empfindet jede Eintrübung der Laune als reine Zumutung. Da lauert die Erbse auch unter dem Futonbett der Prinzessin Z. Man ist empfindlich, gibt sich gern mal einer depressiven Stimmung hin und fordert im Übrigen die strikte Umsetzung des Menschenrechts auf ein prinzipiell frohes, unbeschwertes Dasein. Fast wie damals.

Der heutige Single ist ein Perfektionist, ein Sisyphos am Berge KadeWe, ein Schwerstarbeiter am Lebensglück. Gerade weil ihm seine Existenz ungeheure Freiheiten bietet, hat er es so schwer. Der Markt der Möglichkeiten ist verlockend und grausam zugleich. Hier gilt das Wort des Philosophen: Freiheit heißt zuerst einmal, sie auszuhalten – aber auch, sie zu nutzen und auszuschöpfen.

Auf niemanden muss der moderne kinderlose Single letztlich Rücksicht nehmen – außer auf sich selbst. Eine fast übermenschliche Anstrengung, womöglich eine neue Form der Überforderung. Der Single ist Geschöpf und Selbstschöpfer in einem, Richter und Anwalt seiner selbst. Keine Gewaltenteilung entlastet ihn von der Gesamtverantwortung für sein eigenes Schicksal. Er selbst ist die allmächtige »Basis«, das Ein-Mann-Kollektiv samt Betriebsrat und Volkstribunal wie damals in der Stadtteilgruppe. Ein einziger revolutionärer Wohlfahrtsausschuss, der als sein eigenes protestantisches Über-Ich noch die Einzelheiten der Mülltrennung und der privaten Dosenpfand-Strategie überwachen muss.

Kein anderer ist mehr schuld, wenn sich der Single von Forderungen an sein kostbares Ich »dauernd unter Druck gesetzt« fühlt wie einst im Mai bei Geli – keine Partnerin, Ehefrau oder Lebensgefährtin kann er mehr für moralisches Unwohlsein verantwortlich machen.

Nicht einmal die böse Schwiegermutter. Das ist jetzt ganz allein sein Problem.

Der einst objektiv waltende Sinn des Lebens, der unmittelbare Existenzkampf des kleinen Mannes und der kleinen Frau auf der Straße, hat sich für die »Bobos« der Generation Z weitgehend erledigt. Heute geht es eher um den metaphysischen Sinn, um die quälende Frage, auf die nicht einmal Günther Jauch eine eindeutige ABCD-Antwort weiß: Was soll ich, wenn ich – fast – alles kann?

An manchen Tagen freilich verlasse ich das Haus, biege nach links ab Richtung Monbijou-Park und fühle urplötzlich, dass ich im Grunde gar nichts kann, nichts und wieder nichts, wie ein Sandkorn im Getriebe, wie ein beliebig austauschbarer Buchstabe in der globalen Nudelsuppe.

Ein Tag scheint dem anderen aufs Haar zu gleichen, und manchmal empfinde ich schon die immer gleichen Wege ins Büro, zur Drogerie oder in die – allerdings innig geliebte – Weinhandlung Garlipp in der Großen Hamburger Straße als Albtraum einer ewigen Wiederholungsschleife. So wunderbar großkleinstädtisch etwa das Dreieck aus Sophien-, Gips- und Auguststraße auch ist, der eklatante Mangel an Alternativen im täglichen Fußgängerdasein drückt manchmal auf die Seele: jede Bordsteinkante eine Grenzmarkierung.

Keine Überraschung außer der unverschämt hohen Telefonrechnung, keine Innovation im fröhlichen Metropolenleben, keine Amélie hinterm Tresen.

Der Alltag – ein penetrantes Déjà-vu-Erlebnis. Es fehlt das freie Fliegen überm Pflaster wie einst bei Karlsson auf dem Dach, der mit dem Propeller tanzte. Die Schwerkraft triumphiert.

Dies sind Momente, in denen der Single spürt, dass er seine Solo-Kunststücke ohne Netz und doppelten Boden vollführt. Schon eine achttägige Grippe, die im eigenen Bett auskuriert werden muss, demonstriert das Phänomen: Kein Schwein bringt Fieberthermometer und Kamillentee, niemand spricht tröstende Worte oder trägt den Berg verbrauchter Tempo-Taschentücher zum Müll. Da fühlt sich auch der hingebungsvollste Hypochonder ein wenig einsam.

Einschlägige Hilfsangebote von Freundinnen und Freunden, meist nachträglich unterbreitet, werden nicht wirklich ernst genommen. Und natürlich: Welcher Mann würde schon zulassen, dass die schöne Yvonne nach Hause kommt und der rot geränderten Triefnase im Schlafanzug kalte Wadenwickel anlegt? Es hilft nichts: Der kranke Alleinleidende lebt exterritorial, er ist ein doppelt Vertriebener. Denn sein Reich, das bunte Beziehungsgeflecht der unbegrenzten Freiheit, existiert nur jenseits von Viren und Bakterien. Schon dauerhaft schlechte Laune schränkt den üblichen Bewegungsspielraum empfindlich ein. Dem Single geht es nur gut, wenn es ihm gut geht. Der Pflegefall ist ausgeschlossen.

In solch trüben, selbstzweiflerischen Augenblicken halte ich meine eigene, zugegeben: feuilletonistisch überspitzte These vom frei schwebenden Single als Sieger der Geschichte für reinen Blödsinn und bodenlosen Quatsch: Sind denn all die schillernden Freiheiten des scheinbar ungebundenen Lebens nicht doch nur Pseudofreiheiten, Placebos der Selbstrechtfertigung, bunte Pillen des Selbstbetrugs?

Gibt es nicht jede Menge ökonomische und sozialpsychologische Abhängigkeiten, Bindungen und Beschränkungen zuhauf, am Ende die Katastrophe des Todes, die den freien Willen knebeln und knechten?

Kulminiert der ganze freihändig zurechtgeschneiderte Lebensentwurf von Autonomie, Freiheit und Abenteuer womöglich in einer einzigen Fluchtbewegung vor klaren und notwendigen Entscheidungen? Wird auf diese Weise gar die ewige Adoleszenz bis in den Vorruhestand verlängert, eine groteske Dauerjugendlichkeit, die auf Inline-Skates weiterrollt in die allerletzte Dämmerung – Generation Z wie Zahnersatz und zappenduster?

Am nächsten Tag, wenn die Sonne scheint und ich dieselben Wege fröhlich pfeifend und heiter schauend zurücklege, sieht die Welt schon wieder ganz anders aus. Dann werden im Geiste von Wille und Vorstellung wieder Bäume ausgerissen, Ideen gesponnen und Pläne geschmiedet, während die Bordsteinkante im leichten Sprung vorüberfliegt.

Dennoch ist unbestreitbar, dass auch willensstarke Freigeister mit einer womöglich hormonellbedingten Unfähigkeit zur Ehe auf Grenzen der Selbstentfaltung stoßen.

Dafür sorgen schon die ehernen Gesetzmäßigkeiten der Massengesellschaft, die Schwerkraft der Erdanziehung und die »Mikrophysik der Macht« (Foucault), vor allem aber die offenkundig unwandelbare Natur des Menschen, der sich gegen die Aussicht allzu rasanter Veränderungen stemmt, weil sie ihm in der Regel doch mehr Angst einflößt als Hoffnung und Zuversicht.

Das gilt erst recht, wenn die zweite Lebenshälfte erreicht ist und die Häufigkeit verlockender Kreuzungen, verwunschener Trampelpfade und reizvoller Seitentäler des Lebensweges schwindet wie Haarpracht und Muskelmasse. Dass Freiheit und Angst wahrhafte Antipoden sind, haben nicht nur Aufständische aller Epochen erfahren – es ist auch eine charakteristische Erfahrung des Älterwerdens unter dem Banner von Reiserücktrittsversicherung, Reihenhaus und doppelter Kellertürverriegelung.

Das präventive Sicherheitsdenken wächst, die Abschottung beginnt, wenn nicht mit Jägerzaun und Alarmanlage, dann eben im Kopf, in der Logik vorsorgender Abwägung.

Selbst Menschen, auf die man eben noch neugierig war, erscheinen immer häufiger als lästige Störer, die nur Unruhe bringen ins private Reich von Sicherheit und Ordnung.

Die Spontaneität, ein Markenzeichen der Generation Z, leidet unverkennbar auch unter den Bedingungen des perfektionierten Single-Daseins.

Wie bei Apollo-Missionen zum Mond gibt es auch für den sozialen Take-off genau berechnete Startfenster. Wer da zur Unzeit an der Haustür klingelt, hat Pech gehabt.

Das ist die andere Seite der historisch einmaligen Single-Freiheit: Die Verkapselung in der eigenen, tapfer errungenen Existenz, in der die einerseits ersehnten Überraschungen und Abenteuer andererseits gar nicht mehr vorgesehen sind.

Gleichwohl ist das soziale Leben des Singles äußerst »ausdifferenziert«, wie die Haussoziologen des ungebundenen Daseins es auf den seminaristischen Begriff bringen. Vielfältig und komplex – so sieht sie tatsächlich aus, die typische Patchwork-Existenz des

21. Jahrhunderts, bei der Zerfall und Wiederaufbau von sozialen Beziehungen Hand in Hand gehen und immer neue Kombinationen bilden.

All die Konflikte, die früher en gros in der Gruppe ausgefochten wurden, ob Wohngemeinschaft, Buchladen-Kollektiv oder Beziehungskiste, werden nun separat und themenzentriert abgehandelt. Das Gleiche gilt für die schönen Seiten des Lebens. Für jedes Bedürfnis und Erlebnis, für jeden intimen Streit und jede Gefühlsaufwallung steht eine andere Personnage zur Verfügung – Mehrfachbesetzungen innerhalb des erweiterten Freundeskreises selbstverständlich inbegriffen.

Während vor zwanzig Jahren noch alles und alle zusammengebracht, vereint und zum wahren Ganzen verschmolzen werden sollten, herrscht nun das Prinzip von Abgrenzung, Distinktion und delikater Auswahl. Mit keinem anderen etwa kann ich derart leidenschaftlich, lautstark und ausdauernd über den islamischen Fundamentalismus, Al-Qaida-Terror und amerikanische Kriegsstrategien im Mittleren Osten streiten wie mit Thomas, ohne je die Freundschaft zu gefährden, die durch seine exquisite orientalische Kochkunst zusätzlich gestärkt aus jeder neuen Auseinandersetzung hervorgeht. Wie nebenbei ersetzt der Wortstreit in der Paris Bar ein ganzes Sponti-Plenum aus den siebziger Jahren.

Die deutsche »Wieder«-Vereinigung von 1990 wiederum wurde mit Steffi und Bernhard erst richtig schön. Sie lieferten den leibhaftigen Beweis dafür, dass es auch im Reiche Erich Honeckers wahre Genies der Lebensläufe gab, die nicht nur den kulturellen Hechtsprung in die westdeutsche Kohl-Republik schafften, sondern auch noch in der rot-grünen Achterbahn der Schröder-Fischer-Ära die Orientierung nicht verloren.

Mit diesen beiden habe ich die innere Einheit längst vollzogen, und mit ihnen teile ich die bisweilen bizarre Ironie der Geschichte: Man sitzt gemeinsam im »NoiQuattro« an der Karl-Marx-Allee und fragt sich, welche Art von Sozialismus wohl gerade am Nachbartisch ausgeheckt wird, an dem die PDS-Vorsitzende a. D. Gaby Zimmer mit ihrem Begleiter so selbstverständlich auf Edelitalienisch tafelt, als habe sie nie Soljanka gelöffelt, Goldbroiler verzehrt und an die historische Überlegenheit der Planwirtschaft ebenso treu geglaubt wie an den unerschütterlichen Wahrheitsanspruch des Marxismus-Leninismus.

Die äußere Einheit strebe ich dagegen optional mit Christine, Rebecca, Eva, Sophie, Lucie, Martina und Julia an: Eine Art lebensweltlicher Daten- und Erlebnisverkehr, der den Flirt einschließt, andererseits aber viel zu ernsthaft ist, um weiter gehende Ambitionen nahe zu legen. Jedenfalls in aller Regel. Eine Soft-Version von »Sex and the City«. Dabei werden vor allem Gefühlswerte ausgetauscht, Sympathie, Zuneigung und Verständnis: ein ganz privater Wärmestrom der Geschichte. Der Rest ist Schweigen und Völkerfreundschaft.

Ganz alte Freunde wiederum, die sich seit der Schulzeit kennen, sind die Einzigen, die jenen spezifischen Röntgenblick besitzen, der den biographischen Stand der Dinge mit einer geradezu panzerbrechenden Diagnosefähigkeit ermittelt. Da gibt es kein Schwadronieren und Verstecken, kein Angeben und Ausweichen – der alte Freund sieht alles auch ohne viel Gerede.

Dennoch gehört es auch zur guten alten Freundschaft, die sich im Lauf der Jahre meist auf wenige Begegnungen reduziert hat, dass sich so etwas wie liebevoller Respekt gegenüber den Lebensentscheidungen des anderen einstellt. Wer würfe auch den ersten Stein?

Meist reicht schon ein kurzer tiefer Blick, um Veränderungen wahrzunehmen, den Abrieb der Jahre, die Spuren der Schwerstarbeit am Lebensglück. Wie sie im Morgenspiegel das eigene, verknitterte Gesicht nur zu deutlich erkennen, so sehen langjährige Freunde den Stress und die Arbeitslast des anderen, seine Anspannung und Nervosität im drängenden Zeitkorsett des Alltags. Noch die Art und Weise der Selbstdarstellung legt beredtes Zeugnis von der angestrengten Seelenlage ab. Ein bisschen unauffällige Eigenwerbung à la »Mein Haus, mein Katamaran, meine Frau« ist schon dabei, und der jeweils andere verkneift sich hier und da ein kleines Schmunzeln.

Doch längst dominieren die gemeinsamen Erinnerungen, ein unausschöpfliches Reservoir prägender Jugenderlebnisse. Wo mag das historische Tonband aus unbeschwerten Tagen wohl geblieben sein?, frage ich mich zum Beispiel – jenes erste, im Gäste-WC des befreundeten Elternhauses eigenhändig produzierte Hörspiel, dessen Anfangssequenz mit nicht enden wollenden Geräuschen der Klospülung unterlegt war, ein damals geradezu avantgardistischer Umgang mit gesellschaftskritischen Originaltönen.

Und wo sind die kostbaren Erstausgaben des »Güldenen Oktober«, der voll autonomen, radikal satirischen Schülerzeitung, die nachts an Decken und Wände geklebt wurde – was den Hausmeister im grauen Kittel, der mittags ganz friedlich die cremesatten »Weber-Kuchen« verkaufte, nicht davon abhalten konnte, auch noch den letzten Fetzen humoristischer Gymnasiastenweisheit mit dem reaktionären Kampfspachtel abzuschaben? Es stimmt eben doch: Partisan und Parmesan, alles wird zerrieben.

Ein bisschen Feuerzangenbowle braucht wohl auch die Generation Z, und so pickt sich der Single seine biographischen, sozialen, amourösen, politischen und anderweitig abgründigen Grashalme auf der grünen Wiese des Daseins heraus, ohne sie am Ende zu einem ordentlichen Nest zusammenzufügen und es winterfest zu machen für ein Leben, in dem vielleicht doch noch Platz wäre für einen Überraschungsgast.

Typisch für den Single der Generation Z ist der Blick, den er immer wieder in die eigene, womöglich grandios verpasste Vergangenheit wirft, die für andere reine Gegenwart ist: Paare mit und ohne Kinder auf der Straße, Mütter im Schwimmbad, die mit der zerquetschten Eistüte der kleinen Tochter kämpfen, Väter mit ihren Söhnen bei dem Versuch, die mühevoll im spätgotischen Stil erbaute Sandburg vor den herannahenden Wellen des Nordatlantiks zu retten.

Wie im Zeitraffereffekt zieht die existenzielle Alternative vorbei, wenn junge Familien an warmen Sommersonntagvormittagen ihren Kombi mit Harry-Potter-Badetuch, Schwimmente und Picknickkorb voll stopfen, unter dem johlenden Kampfgeschrei der Kleinen die Straßenkarte studieren und losbrausen Richtung jwd, janz weit draußen.

Wäre es das gewesen – das Familienglück im Grünen? Gilt das Gedicht Rilkes also auch für Ex-Tramper, einstige Hausbesetzer und alternative Hilfskneipiers: Wer jetzt kein Haus in Zehlendorf mit gusseiserner Freitreppe und gekachelter Hofeinfahrt hat, baut sich keines mehr? In den Worten des virtuellen Single-Beauftragten von Berlin-Brandenburg: Wer jetzt noch nicht zu Potte kommt, mein Lieber, dem droht das Schicksal des ewig unbehausten »Nighthawk« im schwarz glitzernden Edward-Hopper-Universum.

Behaupte niemand, derartige Warnungen vor

transzendentaler Verlorenheit hinterließen keinen Eindruck.

Immer häufiger jedenfalls beobachte ich mich selbst dabei, wie ich wildfremden Kleinkindern freundlich zuzwinkere und eindeutige kommunikative Anstrengungen unternehme, ohne es auf die Mütter abgesehen zu haben. Was ich früher vielleicht als bedenkliches Symptom für das Schwinden erotischer Primärreflexe registriert hätte, erscheint mir nun als Zeichen einer gereiften Lebenshaltung.

Unübersehbar vollzieht sich auch hier ein Richtungswechsel der Wahrnehmung, die sonst überwiegend auf Beruf und öffentliches Leben fixiert ist – auf jenen unentwegt stimulierenden Strom der Ereignisse, der so viel libidinöse Energie und Aufmerksamkeit in Anspruch nimmt und dessen Symbol das alarmrote Laufband von n-tv ist: Skandal global im Sperrbezirk, Krieg und Frieden, Flut und Wut, Wahl und Qual, Epcos, Emron, Telekom.

Immer öfter aber reicht es mir mit all der Wichtelei. Vielleicht liegt es auch daran, dass der Single der Generation Z ein unverbesserlicher Couchpotato und notorischer Weltbeobachter ist, der es selbst nach all den Jahren der Läuterung nicht lassen kann, jede Sau, die durchs globale Dorf getrieben wird, wenigstens noch von hinten am angebrannten Rollschwanz zu erkennen – doch spürt er immer stärker den befreienden Moment, wenn die blauen Augen eines Zweijährigen plötzlich fragend auf ihm ruhen und ihn zur unplanmäßigen Rührung zwingen. Dann wird er ganz weich.

Ein schönerer Absturz aus dem Wolkenkuckucksheim der berufsmäßigen Wichtigtuerei ist kaum vorstellbar. Plötzlich fließt der Wärmestrom auch ohne Verabredung, und ich ahne, was ich versäumt habe.

Fühlte ich mich noch tief in meinen Dreißigern viel zu jung für Kind und Frau, Haus und Roadster, so schießt mir nun immer öfter der Gedanke durch den Kopf, in den Untiefen der Vierziger drohe am Ende die Gefahr, als womöglich später Vater zugleich mein eigener Großvater zu sein, ein Westentaschen-Yves-Montand, dessen Sohn schon kurz nach der Geburt wie sein Enkelkind aussieht, bevor Papi in die ewigen Jagdgründe abberufen wird.

Bis es so weit ist, lasse ich erst einmal von der Spökenkiekerei ab und erinnere mich der Freiheiten, die ich jeden Tag genieße. Ich denke an die Französische Revolution, an das rote Hühnercurry Nr. 133 und das Tarama im Kühlschrank. Dann rufe ich Petra an und stelle schon mal das Spaghettiwasser auf.

Vielleicht ist sie ja doch ein ergebnisoffenes, zukunftsweisendes Projekt, die 1-Mann-Kommune der Generation Z. In ihr lebt der Traum von der Freiheit immerhin als großer grüner Kaktus weiter.

4. Ein ganz neues Zeitgefühl: Zukunft war gestern

Die Restlaufzeit der Generation Z – Null Toleranz für Ödnis und Langeweile – Freizeit unter den Bedingungen des verschärften Zeitgefühls: Erlebnis-Controlling – Multitasking als Alltagsmanagement – Wenn schon entfremdete Arbeit, dann wenigstens effektiv – Abschied von den Illusionen: Wenn man weiß, dass man kein Fußballstar mehr wird – Lifestyle-Watching – Damals, als das Leben noch vor uns lag – Konsum als Ideologieersatz: Weniger Platon, mehr Peek & Cloppenburg – Wenn man sich keine Illusionen mehr macht, sollte man wenigstens Sinn für das Absurde haben

Die Sache ist klar: Die Zeit rast. Sie rast und rast, sie rast davon. Eine triviale Erfahrung mit einigen Prämissen und vielen Konsequenzen. Am Ende führen sie alle zu einer individuellen Mischung aus Theorie und Praxis. Da hat jeder seine private Lebensphilosophie, seine eigene Metaphysik des Zeitgefühls – die gefühlte Zeit.

Gewiss, manchmal haben auch junge Leute das Gefühl, die Zeit renne ihnen davon. Nie mehr, glauben sie dann, werde man einen so großartigen Mann wie Rüdiger finden, für Kinder sei es sowieso bald zu spät, und außerdem: Wer stellt schon eine 34-jährige Webdesignerin ein, wenn blendend aussehende 26-Jährige mit dreijähriger Auslandserfahrung auf der Matte stehen.

Doch das sind ganz normale Panikanfälle in der globalen Anpassungskrise. Wirklich ernst wird es erst ab vierzig, wenn die gefühlte Zeit und die Echtzeit, wenn Empfinden und objektive Realität sich rasant aufeinander zubewegen, wenn der Albtraum nach dem Aufwachen weitergeht, kurz: wenn das Problem mit der rasenden Zeit zur Dauereinrichtung wird. Dann ist konstruktives Krisenbewusstsein so gefragt wie Filofax und kreatives Zeit-Management.

Ein untrügliches Zeichen des fortgeschrittenen Krisenbewusstseins ist die blitzartige Überlegung, etwa an einem friedlichen, sonnenbeschienenen Morgen, wie oft man wohl noch erleben werde, dass die Bäume ausschlagen und die Blüten duften wie am ersten Tag, dass es überall kribbelt und krabbelt und jeder sich nur noch blümerant in die frischen Wiesen werfen will, am besten natürlich zu zweit.

Wie oft der Frühling noch kommen wird, frage ich mich, wenn wieder mal undefinierbare Stiche in der Brust auftreten oder der rechte Fußzeh schmerzt – wie oft noch, ohne dass ein Zivildienstleistender den Rollstuhl auf die Terrasse schieben muss, ohne Gehhilfe, Rheumasalbe und Suspensorium, wie oft also noch vor dem in dicke Decken eingewickelten Dahindämmern auf dem ganz persönlichen Zauberberg.

Wer nun, im Licht der männlichen Lebenserwartung und der Sterbefall-Wahrscheinlichkeitsrechnung von »Allianz« und »Hamburg-Mannheimer«, anfängt, die Jahre zu zählen, der hört schnell wieder auf. Egal, wie viele es noch sein mögen, es sind zu wenig. Verdammt wenig, und so beginnt man, auf die ewige Wiederkehr des Gleichen zu hoffen, darauf, dass es noch ungezählte Male Mai und Juni werden möge.

Was Zyniker der Generation Z ihre Restlaufzeit nennen, ist allerdings netto, nicht brutto zu verstehen – als jene Spanne des Lebens, in welcher der Lebenstrieb dem Todestrieb nach Kräften Paroli bietet und ein mehrstündiger Aufstieg in den Schweizer Alpen noch nicht das Vorspiel zu einem Krankenhausaufenthalt mit Frischzellentherapie ist.

Das eben ist der Primäreffekt der gefühlten Restlaufzeit – und die positive Nachricht: Es geht noch ohne Sauerstoffzelt und Blutwäsche. Als ich jüngst vom Hotel Kirchbühl in Grindelwald zur Großen Scheidegg wanderte, immerhin tausend Höhenmeter, unterbot ich mit festem Schritt und Tritt, locker und dynamisch, die offizielle Zeitangabe fast um ein Drittel.

Auch wenn ich wusste, dass es sich hier um einen Durchschnittswert handelte, der irgendwie mit der veränderten Alterspyramide in Westeuropa zusammenhing, registrierte ich nicht ohne einen gewissen Anflug von Stolz die unerwartete Fitness. Sie erinnerte mich unmittelbar an das Wunder der Gegenwärtigkeit. Den Berg nehmen wie den Tag, das sollte die Devise sein.

Jetzt oder nie. Zukunft war gestern. Äonen entfernt scheinen jene unendlich trägen Sonntagnachmittage in Kindheit und Jugend, die einfach nicht zu Ende gehen wollten, jene geradezu lähmende Leere, die durch nichts gefüllt werden konnte. Selbst das Fernsehprogramm mit Flipper, Moby Dick und Heinz Rühmann war nicht jedes Mal in der Lage, mangelnde Erlebnisfähigkeit zu kompensieren, das triste Regenwetter vergessen zu machen und die Stunden zu verdichten, statt sie zu vernichten.

Die Gegenwart war eine Wüste aus Zeit, und die Zukunft eine seltsam schillernde Verheißung des Ungefähren, damals, als der Montag noch Abenteuer des unbekannten Alltags versprach.

Ein Vierteljahrhundert später ist es gerade umgekehrt. Auch der freie Sonntag unterliegt der strikten Zeitplanung. Immer ist da etwas nachzulesen, anzuschauen oder zu telefonieren, zu schreiben, zu besorgen und zu klären. Selbst die kontemplative Muße ist strukturiert wie ein kompakter, körperreicher Rotwein, und noch die Stunden der Entspannung werden aktiv gestaltet und geformt. Auch wer noch so gerne vom Faulenzen und Den-Tag-Verbummeln schwärmt, der versucht in Wirklichkeit, die fliehenden Stunden festzuhalten, statt sie sinnlos zu verschwenden.

Dass die Zukunft immer mehr zur Gegenwart schrumpft und die einst unendlich verlaufende Perspektive ins rot dämmernde Morgen sich allmählich als gemeine graue Sackgasse herausstellt, verändert nicht nur das Zeit-, sondern auch das Lebensgefühl. Viel stärker als früher tritt ein teils unbewusst arbeitendes Qualitätsmanagement samt Controlling in Aktion, das schon während des Erlebnisses mit der strengen Prüfung des vergänglichen Augenblicks beginnt.

Teils unbewusst, teils präzise geplant, doch stets

zeitgleich, »live«, werden die Parameter der Lebensoptimierung angelegt, und wehe, eine Verabredung im Café am Samstagnachmittag erweist sich als zäher Smalltalk, der sich uninspiriert über die kostbaren Minuten schleppt. Dann gibt ein unsichtbares rotes Lämpchen das Signal zum vorzeitigen Aufbruch, und auf der Bergmannstraße geht es mir schon wieder besser.

Nichts ist schrecklicher, sagt meine innere Stimme, als leere, tote Zeit. So geht es manchmal auch im Theater oder bei Empfängen und Veranstaltungen, die groß annonciert werden und kümmerlich verenden. Ein, zwei Gläser Champagner, einmal die Runde gemacht, und ab durch die Mitte.

Wie anders war das früher, als ich auf einer Party stundenlang im engen Flur einer WG ausharrte, in der Hand die langsam wärmer werdende Bierflasche festhielt und auf das Unvorhergesehene wartete. Meistens kam es nicht, aber es musste bis zum bitteren Ende gehofft werden. In der wie immer überfüllten Küche, in gefährlicher Nähe des völlig überdimensionierten Nudelsalats, wurde man jedenfalls physisch festgehalten und kommunikativ zwangsverpflichtet, und natürlich hatten sich irgendwelche Freunde für späte Stunden angesagt, die immer später wurden und sich irgendwann ins zeitlose Nichts auflösten.

Die Generation Z, so viel schuldet ihr die moderne Geschichtsschreibung, hatte es in der sozialhistorisch neuen Disziplin des kollektiven Herumhängens (engl. to hang around) zu einer gewissen Meisterschaft gebracht. Omas Sessel, Kohleofen und Flokati-Teppich sorgten für das passende Ambiente, und die Mischung aus »Police«, Henninger, dezenten Joint-Schwaden und einem diffusen Zusammengehörigkeitsgefühl, das irgendwie nach Räucherstäbchen roch, ließ die Zeit zu einem mal schwebenden, mal schwermütigen Kontinuum werden, zu dem das Durchmachen der Nächte ebenso gehörte wie das Schlafen bis in die Mittagsstunden und das endlose Zusammenhocken bei Jasmintee und Marmorkuchen made by Mutti.

Die Generation Z, die sich alle Zeit der Welt nahm, erwachsen zu werden, nahm sich erst recht Zeit, morgens richtig wach zu werden. Die Zeit streckte sich wie der bettwarme Körper, und, kein Zweifel, irgendwann von Samstagabend auf Sonntagmittag würde der Kairos, der entscheidende Augenblick, schon noch kommen, der alles veränderte. Noch hatte das Prinzip Hoffnung jeden Abend Ausgang.

Doch Herumhängen und Warten auf den erlösenden Moment – das war gestern.

Heute heißt die Devise: Jetzt ist der Augenblick. Entscheide schnell. Hic et nunc. Null Toleranz für Ödnis und Langeweile. Doch auch hier gibt es ein Theorie-Praxis-Problem: Es ist eine kleine Kunst für sich, die Entscheidung nicht nur zu treffen, sondern auch kreativ umzusetzen. Wie kommt man los von der Party, wenn statt der erwarteten fünfzig Leute nur gut fünf gekommen sind, die zudem noch auf die ziemlich durchsichtige Bluse der Begleiterin starren, die eigentlich für ein weniger überschaubares Publikum gedacht war?

Wie begründet man die kurzfristige Absage, zur Vernissage einer Freundin zu kommen, bei der schon der Chianti aus der Schraubverschluss-Flasche derart untrinkbar ist, dass man lieber zu Hause bleibt und beim Lesen der Zeitung von morgen seinen schönen Riesling aus dem Weingut Pawis, Saale-Unstrut, genießt?

Wann ist der richtige Augenblick gekommen, auch ein nettes Abendessen zu verlassen und rechtzeitig zur Harald Schmidt Show auf dem heimischen Sofa die Grundstellung einzunehmen?

Überhaupt: Wann und warum ist man eigentlich doch lieber alleine – obwohl es sich eigentlich gar nicht gehört, am Samstagabend den »kapitalistischen Amüsierbetrieb« (Theodor W. Adorno) zu verschmähen? Was also ist unter den Bedingungen des verschärften Zeitgefühls überhaupt »Freizeit«, freie Zeit, Lebenszeit?

Hier setzt das individuelle Qualitätsmanagement ein. Wahrscheinlich ist es eine weiterentwickelte Version des alten Programms der »Selbstverwirklichung« unter den neuen, zeitlich verschärften Bedingungen. Während die Selbstverwirklichung perspektivisch und in gesellschaftskritischer Absicht angelegt war – teils auch jenseits von Raum und Zeit wie bei der Esoterik-Fraktion –, so ist das intuitive Erlebnis-Controlling heute extrem gegenwartsbezogen und post-utopisch. Rein technisch entspricht es der digitalen Sofortbildkamera.

Ich, Es und Über-Ich müssen in Personalunion handeln, keine Ideologie, Religion und keine Stadtteilgruppe liefern mehr die Vorgaben. Intensität und Effektivität sind die neuen Zauberworte. Nun wird die Zeit im Handbetrieb frisch gepresst statt transzendent gedehnt.

Mir fällt in letzter Zeit besonders ein wachsender funktionaler wie ästhetischer Ordnungssinn an mir auf, die seltsame Angewohnheit etwa, das Bett schon kurz nach dem Aufstehen zu machen und in derselben kreisenden Bewegung die Strümpfe bereitzulegen, während das Wasser in die Badewanne einläuft und die Kaffeemaschine brodelt.

Dieses Phänomen des »Multitasking«, des gleichzeitigen Ausübens unterschiedlichster Tätigkeiten, ist nicht nur ein Ergebnis des fortgeschrittenen Alltagsmanagements. Es ist auch ein Zeichen extremer Gegenwärtigkeit, der ambitionierte Versuch, die Zeit zu komprimieren, alles in sie hineinzupacken und keine Sekunde im Leerlauf zu verschwenden, die nicht der bewussten Kontemplation dient oder jenem Moment, in dem auch ich einfach mal an gar nichts denke und auch nichts tue – das andere Extrem.

Normalerweise lese ich Zeitung, während Fernsehnachrichten laufen, der Laptop summt und SMS-Mitteilungen darauf warten, beantwortet zu werden. Nebenher läuft die Waschmaschine, womöglich köchelt die Spaghettisauce, die gerade dann nach besonderer Zuwendung verlangt, wenn das Telefon klingelt und ein halber Gedanke auftaucht, der umgehend notiert werden muss.

Die komplexen organisatorischen Abläufe sind so eingespielt wie die Serie der Doppelpässe zwischen Franz Beckenbauer, Günther Netzer und Gerd Müller bei der Fußballeuropameisterschaft 1972. Hier wird keine Zeit mehr an langwierige Sockensuche oder das mühsame Spülen schmutzvertrockneter Teller vom Vorabend vergeudet, hier wird konsequent vollstreckt.

Dadurch erhöht sich die Genussfähigkeit im Augenblick, aber auch Ungeduld und Arbeitshektik. Noch nie habe ich so viel gearbeitet wie in den letzten Jahren, erzähle ich gern, wenn ich mal wieder etwas müde und ausgelaugt in meiner Stammkneipe sitze und trotz der ausschließlich geistigen Tätigkeit meine Muskeln und Knochen spüre wie nach einem mittelschweren Umzug in den vierten Stock.

Grund für die abendliche Verkrampfung, so viel steht fest, ist weniger die absolute Zahl der Stunden am Schreibtisch als die Intensität der Arbeit: der Fluch der Effektivität.

Wenn schon entfremdete Arbeit, dann wenigstens effektiv und nicht sinnlos vertrödelt, so lautet die Parole der opportunistischen Lebenserfahrung – desto mehr Zeit, so hoffe auch ich unbeirrbar, bleibt für die autonome Sphäre, für die gute alte Selbstbestimmung: glückliche Menschwerdung und fröhliche Identitätsbildung beim Entdecken unbekannter brandenburgischer Seen, neuer Ideen und fremder Existenzen.

Doch, wie gemein und dialektisch: Durch die Hintertür dringen all die schönen persönlichen Eigenschaften, Vorlieben und Sensibilitäten ins Reich der Entfremdung und des großen Geldes. So frisst die Arbeit ein großes Stück des Lebens auf – trotz der ausgeklügelten Versuche, Arbeitswelt und Lebenswelt möglichst sauber zu trennen. Effektivität und Erfüllung, Erfolg und Enthusiasmus greifen durchaus Hand in Hand, eine Wahrheit, die professionelle Motivationsforscher längst erkannt haben. Ohne es zu wissen, hat auch die Generation Z in ihren Alternativbetrieben und frühgeborenen Ich-AGs genau dies praktiziert: »Selbstausbeutung« hieß das damals, als die Arbeit noch in der Kneipe weiterging, wo das Dienstags-Plenum des autonomen Druck-Kollektivs beim Bier nachbereitet wurde, eine Art vorzeitlicher Hartz-Kommission ohne Regierungsauftrag.

Aber erst jetzt begreift manch fortgeschrittener 78er, wie die Spuren auch des selbstbestimmten Lebens am Ende doch ihren Weg ins Gesicht finden, wie das kreative Schaffen über Jahrzehnte Aussehen und

Ausstrahlung beeinflussen bis hin zum wässrigen Blick der Augen und zur vertikalen Stirnfalte, die von Jahr zu Jahr tiefer wird.

Vor allem bei anderen beobachte ich, auf wie verschiedene Weise charakteristische Gesichtszüge im Lauf der Zeit nachgerade eintrocknen und sich reliefartig verfestigen – bis hin zur Versteinerung.

In einem Wort: Die Dinge des Daseins lassen sich nicht nach Belieben voneinander isolieren und dann wieder fein säuberlich zusammensetzen. Aber, so viel lehrt die ruhige Kraft der Lebenserfahrung, der kalkulierende Zugriff auf die Zeit kann dem scheinbaren Gegenteil, dem Reich der schier unbegrenzten Freiheit, auch sehr nützlich sein.

Es hat viele Jahre gedauert, bis ich diesen Zusammenhang annähernd begriffen habe. Früher, als allein das Wort vom »Beruf« schon Entfremdung und Verrat an den revolutionären Vorstellungen signalisierte, schien es nur darauf anzukommen, all sein Tun selbst zu bestimmen, und sei es im Kollektiv einer alternativen Lehm-Manufaktur, einer Autowerkstatt oder einer Schreibstube, in der jeder Kaffee kochen, Kopierpapier nachfüllen und das Klo putzen musste.

Heute, nach den Jahren durchaus traditioneller Berufstätigkeit, zeigt sich, dass auch in einer bürgerlichen Karriere, die der Generation Z immer schon verdächtig war, ein gewaltiges Potenzial zur Selbstverwirklichung liegt, eine Art List der Geschichte, in der sich Subjektivität und Eigensinn auch gegen die mächtige Logik von Apparaten durchsetzen können.

Innere Qualitätskontrolle, die Entwicklung der eigenen Fähigkeiten und die vielfältigen Kämpfe mit dem bösen Rest der Welt haben die Konturen des Charakters geschärft. Minderwertigkeitsgefühle und sonstige Neurosen lassen nach.

Wenn es dann doch manchmal zwickt und zwackt im gefühlten Selbstwertbereich, hilft ein Blick zum lieben Nachbarn, dem leidenden Mitmenschen. Denn der mächtigste Mythos der Welt ist der Köhlerglaube, der jeweils andere habe keine Probleme, jedenfalls nicht derart schreckliche wie unwillkürliches Erröten, Verkrampfungen im Nacken, nervösen Ausschlag und zu schnelles Sprechen bei Müdigkeit und außergewöhnlicher Aufregung. Im Gegenteil: Wenn es eine Grunderfahrung gibt, die mit zwanzig oder dreißig leider noch nicht zu haben ist, dann diese: Jedes Problem, das du zu haben glaubst, hat auch ein anderer – nur viel schlimmer. Und schon viel länger. Ausnahmen bestätigen die Regel.

Das Bilanzierungsdenken, das ab vierzig dramatisch zunimmt, funktioniert wie eine Wasserscheide mit eingebautem Kohlefilter: Je mehr die eigenen Stärken hervortreten, desto besser lässt sich mit den eigenen Schwächen umgehen. Je mehr – auch in der »entfremdeten« Welt des Berufs – sich das Eigene entwickeln kann, desto eher kann das Andere, nicht Erreichte und nicht Erreichbare verschmerzt werden.

Die Zeit heilt nicht alle Wunden der Selbstfindung, aber sie macht es leichter, von Illusionen Abschied zu nehmen. Irgendwann war auch mir klar: Ich würde in diesem Leben kein gefeierter Mittelstürmer mehr werden, nicht einmal erste Geige bei den Berliner Philharmonikern oder Sonderkorrespondent für die Côte d'Azur – mein unausrottbarer Traum vom Glück neben den immer wiederkehrenden Halluzinationen, noch einmal ein anderes Leben anzufangen, in dem man nicht jeden Tag das Geschirr wegräumen und jeden Abend die Zahnzwischenraumbürste benutzen müsste.

Doch handelt es sich hier weniger um die klassischen Fluchtphantasien der männlichen Midlife-Crisis als um eine Lebensoptimierungsstrategie, die gerade von jenen verfolgt wird, denen es sowieso schon gut geht. Es ist die Unzufriedenheit der Zufriedenen, die Sorge der Beweglichen, im Gewohnten zu erstarren, die merkwürdige Unruhe derer, die eigentlich ganz ruhig sein könnten.

Hier geistert die alte, philosophisch durchaus irrige Idee vom Recht auf Glück, dem »pursuit of happiness« aus der amerikanischen Verfassung, durch die Niederungen des progressiven Alltags, eine subtile Art, die Vervollkommnung des privaten Lebens anzustreben, nachdem die Welt nicht mehr zu retten ist. Bei mir hatte sich diese fixe Idee im Lauf der Zeit zu einem bestimmten Muster entwickelt.

Als ich wieder mal von einem jener Abende mit

einem befreundeten Ehepaar nach Hause kam, an dem ich zugleich Tischgenosse, Gesprächstherapeut und Stimmungskanone spielte, kam mir der Begriff vom »Lifestyle-Watching« in den Sinn, eine Art persönlicher Vergleichstest der Lebensformen im überschaubaren Beobachtungsfeld.

Zugegeben, es klingt ein wenig nach Flora und Fauna, nach Heinz Sielmann und Konrad Lorenz, nach Nashorn-Watching an der Wasserstelle oder Pavian-Gucken auf dem Affenfelsen. Doch es erweist sich als äußerst sachdienlich und hilfreich.

Nachdem ich an jenem Samstagabend die Tür meiner Wohnung hinter mir zugeschlagen hatte, freute ich mich einfach nur. Ich fühlte mich erleichtert, befreit vom freundschaftlichen Zwang, rhetorische Brücken zu bauen, wo an diesem Abend nur noch solitäre Pfeilerstümpfe standen, unterhaltsame Anekdoten hervorzukramen, wo sich das Schweigen am weiß gedeckten Tisch ausbreitete wie die Serengeti.

Im Schnell-Vergleich mit dem streitenden Paar schien es mir, dem Single, prächtig zu gehen. Etwaige Zweifel an der eigenen Lebensweise konnten immerhin für diesen Abend zurückgestellt werden. Unzweifelhaft bewährte sich hier die Volksausgabe von Albert Einsteins Relativitätstheorie als Instrument der Lebensoptimierung.

An anderen Tagen freilich war es umgekehrt. Wer einmal an einem strahlend sonnigen Neujahrsmorgen allein und noch etwas angeschlagen von der Silvesternacht um die Hamburger Außenalster spaziert ist, weiß, wie hart das Leben sein kann: Die Phalanx der Arm in Arm laufenden Paare wirkt wie eine unaufhörliche, übermächtige Brandung, wie eine einzige natürliche Anklage mit sozialem Aufforderungscharakter: Du musst dein Leben ändern!

Andererseits konnten, ein paar hundert Meter weiter, die verhärmten Gesichtszüge eines Paares, das offenbar den Knebelbund fürs Leben geschlossen hatte, die Anklage wieder abmildern. Aber immer war da die Zeit, dieses fiese Monster.

Erst unter ihrem Diktat entfaltete sich der Widerstreit der konkurrierenden Lebensentwürfe, das ganze Drama der existenziellen Ungleichzeitigkeit. Da man eben nicht – oder nur in exotischen Ausnahmefällen – gleichzeitig verheiratet, Single, schwul, Robbie Williams und allein erziehend sein kann, sind Entscheidungen unabdingbar. Entscheidungen, die manchmal irreversibel sind, Entscheidungen, die sich im Nachhinein als falsch erweisen können oder den streng optimierenden Vergleichstest nicht bestehen würden.

Doch gerade die Generation Z war stets besonders entscheidungsunwillig. Ein halbes Leben lang hat sie versucht, Festlegungen zu vermeiden – zunächst aus juveniler Unsicherheit und Orientierungssuche, aus Gleichgültigkeit gegen jedwede Form und virulenter Phobie vor dem Ungeheuer des Spießertums – vor dem, was das schrecklich biedere, ja reaktionäre Leben der Eltern für sie repräsentierte –, und dann als letzte Möglichkeit, die alten Träume vom ganz anderen Leben nicht vollends aufgeben zu müssen. Wie die Bremer Stadtmusikanten glaubten sie, etwas Besseres als Osnabrück, Gabi und den Zeitvertrag an der Fachhochschule werde sich auf jeden Fall finden lassen.

Solange die Zeit noch ein Medium der Zukunft war, konnte alles immer wieder aufgeschoben werden, war immer noch Zeit für ein gemütliches Hoffen, das auf die Dauer selbst Züge einer gewissen Biederkeit annahm. Auch mir fiel lange gar nicht auf, dass ich das berühmt-berüchtigte »psychosoziale Moratorium« meiner Generation als Möglichkeit verstand, den Lauf der Zeit still zu stellen – ein bisschen so wie die Revolutionäre der Pariser Kommune von 1871, die auf Kirchturmuhren geschossen hatten, um die Zeit anzuhalten. Für Jahre hatte ich es mir in jener seltsamen Zwischenzeit komfortabel gemacht, in der noch nichts endgültig verloren schien. Das neue, aufregende Leben lauerte stets irgendwo hinter der nächsten Ecke. Manchmal roch man es nachts auf dem Pflaster, manchmal duftete es nach einer Frau, manchmal klang es nach den »sieben Brücken«, über die man nach Auffassung von Peter Maffay und »Karat« gehen musste, um eines Tages »der helle Schein« zu sein, was immer das sein sollte.

Nun, da schon einige Brücken überquert worden

sind, stellt sich heraus, dass der helle Schein eine Sternschnuppe war, an die man sich erst im Nachhinein dankbar und freudig erinnert.

Die Zeit ist vom Medium zum Stoff geworden, zur Substanz des merkwürdigen Lebens, die immer mehr mit den Ereignissen und Erlebnissen selbst verschmilzt. »Monadenhaft« hätte man zu Zeiten der grassierenden Walter-Benjamin-Hauptseminare gesagt, und tatsächlich, in gewissen Augenblicken erscheint mir die Zeit wie eine reine Phantasmagorie, eine endlose Kette von in sich abgeschlossenen Trugbildern, die tagtraumähnlich verklärt werden, voll gestopft mit Wünschen und Projektionen – um samstags doch wieder an der Kasse von »Superspar« darauf zu warten, dass der Vordermann endlich sein Kleingeld zusammengesucht hat.

Kein Zweifel, zum persönlichen Bilanzierungsdenken im optimierenden Vergleichstest gehört auch die Nostalgie, jenes merkwürdige Gespinst wehmütiger Gedanken an Zeiten, die es nie gegeben hat. Erst im Rückblick verdichten sich unwiederbringliche Augenblicke, die im Moment ihres Geschehens oft genug banal, peinvoll und geradezu erschütternd fadenscheinig waren. Da wird die Erinnerung tatsächlich zu einer Art Paradies, aus dem man nicht vertrieben werden kann, und es reicht schon, wenn Patti Smith' Song »Peak of the Night« im Autoradio läuft, um für ein paar Minuten an die geheimnisvollen Orte der Vergangenheit zurückzukehren.

Doch das verbliebene historisch-kritische Bewusstsein ruft auch mich immer wieder zur Ordnung: Nein, es war nicht wirklich romantisch, als ich Heiligabend 1974 mit dem G 3 über der Schulter einsam die Runden durch ein Munitionsdepot der Bundeswehr zog, den Sternen nachblickte und mich verbotenerweise abwechselnd mit dem Kameraden für eine halbe Stunde auf die asphaltierte Straße legte, den Kopf sorgsam auf die Bordsteinkante gebettet. Der Russe kam so wenig wie der wachhabende Offizier, nur die gemeine Kälte einer schwäbischen Winternacht entfaltete ihre abschreckende bolschewistische Wirkung.

Und war es damals im Frankfurter Nordend etwa romantischer, als man nachts in Zweiergruppen mit dem Eimer voll Leim die Bergerstraße runterlief und Plakate gegen die Startbahn West an jede freie Fläche klebte, bevor man noch mal zum Griechen ging, wo die Mikis-Theodorakis-Kassette an diesem Abend zum fünften Mal umgedreht wurde und die anderen schon vor ihrem Saloniki-Teller und dem schlecht gezapften Binding saßen?

Oder im heißen Sommer irgendwann Anfang der achtziger Jahre auf dem steinernen Campus der Johann-Wolfgang-Goethe-Universität, als ich und die anderen von SHI und Asta stundenlang Fußball spielten und wir uns nur von der Notwendigkeit unterbrechen ließen, eine Resolution gegen die US-finanzierten »Contras« in Nicaragua zu verfassen oder das Layout für das nächste Asta-Info festzulegen, das eine Woche später an schnöselhaft vorbeihastende BWL-Studenten verteilt werden musste, die sowieso nur an ihre nächste Prüfung dachten?

Oder 1977 im alten Fischerhafen von Marseille, als ich mit Seesack, zwei Jungs und drei Mädchen auf der Suche nach einer Schlafstelle war und italienische Touristen aus ihren Cabrios heraus so lautstark und nachhaltig auf ihre offenkundige geschlechtliche Not aufmerksam machten, dass die Jungs umgehend in die Rolle von Bodyguards schlüpfen mussten, um einen kleinen Cordon sanitaire zu bilden?

Nein, das alles war im Augenblick selbst nicht unbedingt romantisch oder sonstwie bemerkenswert. Aber es war eben »damals«, also gerade eben noch, als die Zeit im Überfluss vorhanden war und man sich gar nicht vorstellen konnte, dass auch beiläufige Begebenheiten später eine intensive Farbe der Erinnerung annehmen würden; vielleicht ein bisschen so, wie die Magie des Alltags in Claude Sautets Film »Les choses de la vie« (»Die Dinge des Lebens«) funktioniert, in dem es letztlich nur um die Geschichte einer Frau (Romy Schneider) zwischen zwei Männern geht, die sich partout nicht für einen von ihnen entscheiden kann.

Die ungestüme, rastlose Vergeblichkeit, mit der Yves Montand immer wieder versucht, seine Vorstellung vom Leben Realität werden zu lassen, sein brachialer Optimismus, der sich gegen Melancholie und

Resignation ebenso stemmt wie gegen seinen unverschämt attraktiven Rivalen, kommen der Generation Z durchaus bekannt vor. Der Kampf geht weiter, auch en détail. So vorläufig die Dinge sich einst aneinander reihten, um am Ende doch noch einen Sinn zu ergeben, so zwingend erscheinen sie manchmal heute, ohne dass sie sich zu irgendeiner Perspektive fügen müssten. Nun zählen die Einzelheiten eher als ein fiktiver Zusammenhang.

Die Kirchenglocken am Sonntagmittag, die vom Berliner Dom und der nahen Sophienkirche polyphon herüberklingen, lösen bei mir zuweilen einen ganz neuen, paradoxen Affekt aus: ein nostalgisches Gefühl für die Gegenwart, eine Wehmut des Augenblicks, die Erinnerung an jene Sekunde, die gerade vergeht, eine Art zeitloses Nah- und Fernweh, das ganz weit weg ist, während meine rechte Hand gedankenverloren auf dem Balkon die letzten Strünke der überlebenden Grünpflanzen begießt.

Wenn im Sommer die hoch stehende Sonne zum Ausflug ins Blaue ruft und nur die jahrhundertealten christlichen Sirenenklänge für ein paar Minuten die heiße Mittagsstille durchbrechen, dann scheint die Zeit doch einmal kurz und fast ein wenig schmerzhaft anzuhalten: Kaum zu glauben, aber es fühlt sich ein bisschen wie Glück an, wie eine persönliche Heiligsprechung des Lebens. Gern versäume ich dafür schon mal den Auftakt des »Presseclubs« zum Thema »Steuern, Schulden und kein Ausweg – Deutschland am Abgrund?«. Auch wenn Glücksmomente sich im nervösen und zerfahrenen Alltag so schnell auflösen wie Brühwürfel im Schnellkochtopf – immer wieder stellen sie sich unvermutet ein, mitten im Auge des täglichen Stress-Orkans.

Manchmal reicht ein innerer Klick, ein switch-off im Kopf, um von Effektiv auf Intensiv umzuschalten, von Rasen auf Ruhe, von Machen und Tun auf Beobachten, von Konzentrieren auf Kontemplieren. In Sekundenbruchteilen verändert sich dann die Zeit vom Medium zum Stoff. Ein Blick in den Himmel, die sekundenschnelle Beobachtung einer Straßenszene aus dem Augenwinkel, ein Gesicht, ein Lächeln, ein Hochziehen der Augenbrauen.

Wenn ich das Büro verlasse und mit dem Fahrrad die berühmte Kreuzung Friedrichstraße/Unter den Linden überquere, dann herrscht schon eine andere Zeitrechnung.

Plötzlich erscheint auch Profanes, Gewöhnliches ein bisschen in poetischem Licht: Die mit großen Augen staunenden Männer, die vor den Schaufenstern mit den Luxuskarossen stehen, die vertraute Fremdheit frisch sanierter Gründerzeitfassaden, deren hundertjährige Geschichte nur noch mit Hilfe alter Fotografien aus historischen Bildbänden zu ahnen ist, Minister und Abgeordnete im wehenden Mantel, die im Sturmschritt zum nächsten Termin eilen und jene nicht zu beschreibende Gesichtsblässe vor sich hertragen, die mit pergamentener Farblosigkeit zumindest in einem engen verwandtschaftlichen Verhältnis steht.

In der Lebensmittelabteilung der Galeries Lafayette sah ich zuvor schon einige von ihnen, wie sie um die verbliebenen Krustentierbestände – »Austern für alle! (solange der Vorrat reicht)« – umherstreichen und die Vielfalt nicht nur des maritimen Daseins bewundern. Manchmal bleibe ich dann einfach stehen und schaue den Menschen beim Leben zu.

Doch dieser Zustand ist nicht von Dauer. Schon beim Sushi-Essen rasen die Teller wieder in einer Geschwindigkeit auf dem Laufband an einem vorbei, die den stäbchenbewehrten Hungerleider zum ungesund hektischen Schneller-Essen verführt. Dafür erreicht meine Zeitgenossenschaft immerhin wieder Normaltempo, wenn der Sitznachbar gleichzeitig mit Stäbchen und Handy jongliert, während er die Taktik für die nächste Börsenwoche bespricht.

Allerdings ist der lukullische Aspekt des neuen Zeitgefühls, das Sinnliche, Taktile und Stoffliche, nicht zu vernachlässigen. Dabei geht es beileibe nicht nur um Essen und Trinken, Reisen und Schöner-Wohnen, sondern um das Bewusstsein, dass die Welt der Dinge realer ist als der Kosmos der Ideen. Auch wenn es allzu schnöde klingt: weniger Platon, mehr Peek & Cloppenburg.

Es war an einem trüben Novembersamstag, als die rot-grüne Regierung auf dem vorläufigen Tiefpunkt ihres chaotischen Wirkens angelangt war, die FAZ offiziell den »nationalen Notstand« feststellte und der Historiker Arnulf Baring die Bürger vom Fernsehsessel weg auf die Barrikaden rief, kurz: als jedermann schon bei der Lektüre der Frühstückszeitung die nackte Depression anfiel – da entschloss ich mich, mit dem Fahrrad eine Runde durch die Stadt zu drehen. Schon rein bewegungstechnisch und sauerstoffmäßig. Einfach mal raus und den winzig kleinen Feuchtigkeitsperlen trotzen, die unsichtbar in der Luft standen wie mikroskopisch kleine Zerstäuber, eine dieser spontanen Aktionen, die man schon hundert Meter später wieder bereut. Doch auch hier bewährte sich die neue, radikale Gegenwärtigkeit der Generation Z.

Meter für Meter werden Fakten geschaffen, und irgendwann radelte ich nur noch um der Tatsache willen, dass ich ja nun nicht schon an der Siegessäule wieder umdrehen konnte, ohne mich vor mir selbst zu blamieren. Immerhin quälten sich ja auch einige Jogger übers nasskalte Pflaster, die keinen 10000-Meter-Lauf überstehen würden. Am Wittenbergplatz kam mir plötzlich der sonst weitab liegende Gedanke, mich ins Getümmel der ersten Weihnachtseinkäufe zu stürzen, in eine Art reinigende Konsumdusche, die auch noch meinen stressbedingten Tinnitus-Ton im rechten Ohr, der vor wenigen Tagen aufgetaucht war, lässig überdecken würde.

Schon in der Parfümabteilung des KadeWe erfasste mich der wohlriechende Schwindel des Konsumrausches, der die nationale Katastrophe sofort in einem subtropischen Sturm der Gerüche untergehen ließ, und in einer klassischen Übersprunghandlung kaufte ich gleich drei Paar Socken von Mexx. Mit dem kleinen weißen Plastiktütchen in der Rechten war ich fortan zwar wendig und flexibel genug, mich im Strom der Konsumenten gefahrlos treiben zu lassen, doch konnte dies nicht das letzte Wort zum dringend nötigen Wirtschaftsaufschwung sein. In der dritten Etage blickte ich unversehens auf eine Phalanx von hochmodernen Staubsaugern, und schon stand, wie aus dem Nichts, ein enorm motivierter Verkäufer vor mir. Minuten später hatte ich einen überteuerten Kaufvertrag über 319 Euro frei Haus für das angeblich beste Gerät auf dem westeuropäischen Markt unterschrieben, das selbst auf den aktuellen Füllzustand des Staubbeutels vollautomatisch reagiert und den Saugdruck digital steuert.

Nachdem ich noch die legendäre Lebensmittelabteilung durchstreift hatte und auch hier keinerlei Anzeichen für eine krankhafte Konsumzurückhaltung fand – es sei denn, Champagner um zwölf Uhr mittags wäre, zusammen mit Scampi und Schwertfisch an Salbei, ein Symptom des Niedergangs –, verließ ich zufrieden den Ort des Geschehens, den ich früher als Hort des Konsumterrors verdammt hätte. Jetzt ging es mir wieder besser.

Was aber ist – jenseits der politischen Dimension – passiert, wenn die einstige Hölle zum Paradies geworden ist, wenn sogar im angeblich »falschen« ganz richtiges Leben zu entdecken ist und die Lebensmittelabteilung des KadeWe, zumindest im subjektiven Kunstverständnis des Augenblicks, einem Museum für zeitgenössische Kunst durchaus nahe kommt?

Ein Grund für den unkoscheren, politisch nicht ganz korrekten Paradigmenwechsel könnte in einer spezifischen, im weiteren Sinne kulturellen Müdigkeit der Generation Z liegen. Ein halbes Leben lang hat sie auf das nun aber ganz authentische, wahrhaft befreite, echte und glückliche Leben für alle gehofft – doch irgendwann stellte sich heraus, dass es ein Warten auf Godot war. Solange ich denken konnte, hatten sich die Dinge, korrekt: die gesellschaftlichen Verhältnisse weltweit stets »verschärft«, »zugespitzt« und irgendwie »katastrophal« entwickelt. Kaum etwas war den 78ern vertrauter als die apokalyptische Rhetorik von Ende und Untergang, freilich meist ohne ihre biblische Herkunft oder die schwarzen Verheißungen aus dem Mittelalter zu kennen.

Sie gab der Zeit Dramatik und Hoffnung zugleich, Perspektive und Sinn und formte eine Art schwerelos utopischen Zeitraum: einen permanenten Ausnahmezustand, in dem man sich ganz gemütlich einrichten konnte.

Nachdem sich unter geistigen Mühen, großem moralischen Aufwand und bitteren Enttäuschungen herausgestellt hatte, dass die Dauerkatastrophe des menschlichen Lebens allen, aber auch allen Versuchen trotzt, daran etwas grundsätzlich zu ändern, kehrte allmählich die europäische Normalzeit zurück – das Bewusstsein, ohne Erlösungshoffnung, aber mit tagtäglicher Zuversicht zu leben. In gewisser Weise wurde das Leben planer und breiter, ohne die manichäischen Höhen und Tiefen, die engen, schroffen Gebirgspässe, die Gut und Böse, Falsch und Richtig schieden, ohne die wärmenden Höhlen des kollektiven Einverständnisses. Dafür wurde es offener, weiter, ungeschützter.

Trotz aller biographischen und politischen Bindungen war jeder auf sich selbst zurückgeworfen und musste seinen eigenen Weg gehen. Nur noch ziemlich dunkel erinnere ich mich daran, wie mir Mitte der achtziger Jahre, ums dreißigste Lebensjahr herum, schmerzhaft bewusst wurde, dass es nun keine »Gruppe« und keine »Szene« mehr gab, auf die ich mich ganz selbstverständlich beziehen konnte – die einfach da war wie eine Familie. Das eigenartige, fast stammeskundliche Dauergespräch war abgebrochen, die alte Heimat wirkte leer und verlassen.

Am Samstagvormittag traf ich alte Freunde jetzt nicht mehr kollektiv auf der Demo, sondern schwer vereinzelt bei Hertie, und die verstohlenen Blicke auf die vollen Tüten waren ein stummer Kommentar zum Lauf der Zeit. Die einst untrüglichen äußeren Erkennungszeichen für Sympathie und Intelligenz, für Freund und Feind, für »wir« und »die« verwischten zunehmend. Plötzlich gab es sympathische Banker und penetrante Müsli-Apologeten, intelligente Fernsehfuzzis und bornierte Autonome, spießige Pulloverträger und humorvolle Krawattenmänner. Der Filmemacher Andres Veiel, Jahrgang 1959, hat in seinem preisgekrönten Dokumentarfilm »Blackbox BRD«, einer Parallelmontage der Biographien von Alfred Herrhausen und Wolfgang Grams, womöglich unbeabsichtigt, auch diesen Aspekt berührt. Die Erkenntnis, dass auch ein von RAF-Anklägern des alternativen Volksgerichtshofs zur »Hinrichtung« freigegebener Chef-Banker ein Mensch ist und nicht nur eine »Charaktermaske« des Großkapitals, war für manche aus der Generation Z durchaus neu.

Ohne den Sinn für Ironie und Sarkasmus wäre all das weder zu verstehen noch auszuhalten. Immer öfter einigen sich in meinem Großhirn milde Nostalgie, quälende Erkenntnis und neue Gegenwärtigkeit auf einen einzigen Nenner: auf die Empfindung des Absurden, eine Art integriertes Kopfschütteln von Körper, Geist und Seele. Keine Frage, das Absurde ist eine Blume des Bösen, aber oft ist es die letzte Zuflucht vor dem akuten Realitätsverlust, letzte Ausfahrt vor der Endstation Wahnsinn, die einzige Alternative zu Abstumpfung und schleichender Verdummung.

Hier heilt die Zeit nicht alle Wunden, sondern sie schlägt welche. Das Bewusstsein des Absurden ist eine legitime Schwester der Desillusionierung, jener Zeitspanne also, die zwischen dem Glauben an eine

Sache und ihrem krachenden Einsturz liegt. Dennoch ist das absurde Denken, eine Variante der modernen Verzweiflung an der Wirklichkeit, zutiefst der Aufklärung verpflichtet. Wie sie taucht es die Dinge in helles, ja grelles Licht und funktioniert etwa so wie ein Kosmetikspiegel ohne Gesichtscreme und Makeup: Aug in Aug mit der bitteren Wahrheit.

Ich erinnere mich noch genau, wie ich mit zwanzig die Welt im Griff hatte, vor allem in sommerlichen Vollmondnächten auf dem Heimweg von der Kneipe. Eigentlich war alles sternenklar. Nun ging es nur noch darum, alle anderen zu überzeugen. Absurd schien mir allerdings, dass die Mehrheit der hessischen Bevölkerung, obstinat apfelweinselig und theoretisch uneinsichtig, nicht mitziehen wollte bei der Weltrevolution – gegen ihre wahren, ureigenen Interessen. Erst viele Jahre später offenbarte sich mir das Absurde im eigenen Denken und Tun, in all den Anmaßungen und Donquichotterien des vermeintlich großen Aufbruchs.

Ein Vierteljahrhundert später haust das Absurde vorwiegend im kruden Alltag – wie an jenem kalten Oktobervormittag, als ich mich per Fahrrad auf die abenteuerliche Suche nach dem Parkraumbewirtschaftungsamt des Bezirks Berlin-Mitte machte, um mir eine Gästeparkplakette für den Mietwagen übers Wochenende zu besorgen, der ansonsten vor der eigenen Haustür den Knöllchen-Geschwadern wehrlos ausgesetzt wäre. Denn so viel ist gewiss für alle deutsche Ewigkeit: Reguläres Anwohnerparken gilt nur für gerichtsfest nachweisbar gemeldete Anwohner mit eigenem Auto und korrekt auf der Innenseite der Windschutzscheibe installierter Anwohnerparkplakette inklusive amtlicher Nummer und offiziellen Stempels.

Nach allerlei Wirrnissen, aber noch frohgemut lief ich gangauf, gangab, um irgendwann vor einer der unzähligen verschlossenen Türen zu stehen, die auch profund Halbgebildete an Franz Kafka denken lassen. Mutig trat ich ein und fand eine attraktive blonde Sachbearbeiterin vor, die weit und breit von keinem anderen Bittsteller belästigt wurde. Freudig und fast ein wenig stolz präsentierte ich meinen gültigen Reisepass und die gut drei Jahre alte Anmeldebestätigung mit der aktuellen Adresse. Das, so glaubte ich, müsste dicke und dreimal ausreichen, um die kostbare Gästeparkplakette fürs Parken vor der eigenen Haustür, gültig von Freitagmittag bis Montagmorgen, für läppische 12 Euro erstehen zu dürfen, ein echtes Schnäppchen.

Doch wieder einmal machte ich die Erfahrung, ein Candide zu sein, ein radikaler Utopist, der an die beste aller Welten glaubt, ein rettungsloser Naivling, ein Träumer. Ausgerechnet ich, der ich mich nach Jahrzehnten voller Lebensprüfungen endgültig auf dem Boden der Tatsachen zu befinden glaubte, hatte nicht mit der zeitlosen Unerbittlichkeit der deutschen Bürokratie gerechnet, die im Ostteil Berlins noch den poststalinistischen Charme unkündbarer Verwaltungsangestellter verströmt: »Das reicht aber nicht. Da könnte ja jeder kommen. Die Anmeldebestätigung muss aus den letzten drei Monaten stammen!«

Der Satz fuhr wie ein Hammerschlag auf den guten Glauben des braven Bürgers nieder. Da half kein Flehen und kein Bitten, kein in der Not hervorgekramter Journalistenausweis, keine Visitenkarte des SPIEGEL mit der aktuellen Privatadresse, kein Hinweis auf das Motiv des Bittstellers, den Besuch der 77 Jahre alten Mutter, nichts, aber auch gar nichts konnte das Herz der Sachbearbeiterin erweichen. Ihr Urteil lautete: zurück zur Meldestelle, eine neue, taufrische Melde-Bestätigung besorgen!

Da ich, trotz aller Versuchungen des Augenblicks, einen klitzekleinen Amoklauf zu veranstalten, kein Una-Bomber und kein Kohlhaas bin, schaute ich doch noch im Bezirksamt an der Karl-Marx-Allee vorbei: Die absurd lange Schlange vorm Schalter beendete das Abenteuer dieses denkwürdigen Vormittags.

Wieder einmal war ich gescheitert, diesmal nicht an einer revolutionsunwilligen Bevölkerung oder am Lauf der Geschichte überhaupt, sondern an einer Sachbearbeiterin im Parkraumbewirtschaftungsamt.

Inmitten der rasenden Zeit, so viel stand immerhin fest, verkörperte sie die Macht der Ewigkeit.

5. Das Leben frisst alle Theorie. Autobiographie als Philosophie der frühreifen Altersweisheit

Das kostbare Vergnügen der Stille – Bedenkenträgerei: Das Neue ist nicht mehr aufregend, sondern mit Vorsicht zu genießen – »Das funktioniert doch nie, das mit der Anarchie!« – Wenn die Skepsis der Eltern zur eigenen wird – Wer erklärt jetzt noch das Weltchaos? – Problemmüdigkeit anstatt Straßenkampf – Der sanfte Übergang ins »Schweinemilieu« – Nicht dabei gewesen und doch betroffen: Der historische Phantomschmerz der Generation Z – Ironie und Zynismus als Nebenwirkung des neuen Blicks auf die Welt – Über Zukunftsängste und Hoffnungen

Der 8. Februar war ein langer Tag gewesen. Am frühen Morgen war ich gegen jede gute Gewohnheit bereits um 7.30 Uhr aufgestanden, um mit den anderen das alte Haus des Oberengadiner Bergführers, in dem wir eine Woche lang den gemeinsamen Skiurlaub verbracht hatten, von letzten theoretischen Staubresten zu befreien. Das schneeweiße Fextal oberhalb von Sils Maria glänzte im blendenden Licht der Bergsonne, als die Pferdekutsche Punkt zehn zum Aufbruch mahnte. Eine halbe Stunde später überquerte ich schon den 2300 Meter hohen Julierpass – die letzte automobilistische Herausforderung auf dem Weg zum Flughafen Zürich. Selbst dort hatte sich inzwischen die schleichende paneuropäische Konsumkrise bemerkbar gemacht: In den aseptisch reinen Kaviarshops und Edelboutiquen schauten einsame Verkäuferinnen wie seelenlos ins ferne Nichts, dorthin, wo das Wachstum des Bruttosozialprodukts nicht einmal ein Gerücht ist und der einzige Luxus »Freiheit« heißt.

Das Taxi vom Flughafen Tegel war dann schon fast vor der Haustür, als es in der Linienstraße von einem Mann mit Warnkelle rüde gestoppt wurde, der irgendwie Frank Bsirske von »ver.di« ähnlich sah: No pasaran! Kein Durchkommen – Dreharbeiten! Natürlich in Mitte. Natürlich nur für ein paar lächerliche Filmsekunden, und natürlich genau dann, wenn ich nichts sehnlicher wünschte, als mich in mein Sofa fallen zu lassen und die Glotze anzustellen, um wieder auf den letzten Stand der neuesten Kanzler-Abenteuer des Gerhard S. zu kommen.

Doch kaum war die Tür endlich ins Schloss gefallen, klingelte das Telefon. Ein ehemaliger Popautor fragte an, ob man nicht schnell mal ins Hotel Adlon kommen oder wenigstens per Fax eine Hand voll kreativ-kritischer Fragen zu einer Neuauflage von »Tristesse Royale« stellen könne – jenes vor vier Jahren gedruckten, dandyhaften Gesprächs eines »popkulturellen Quintetts« über die »Durchsichtigkeit von Anzügen«, den »Neville-Brody-Look« und das »Gucci-Re-Modeling«, das zum Dokument des Zeitgeists und zum Bestseller wurde.

Ich zog es vor, essen zu gehen – der heimische Kühlschrank war gähnend leer.

Es verschlug mich in ein orientalisches Restaurant um die Ecke, von dem ein jüdischer Freund unlängst behauptet hatte, dort gebe es das beste Kichererbsenmus jenseits von Jerusalem. Doch als ich mich gerade meinem »Couscous Kharoufi« zuwandte, hub eine ohrenbetäubende Musik aus 1001 Nacht an, und während ich dem hirseumlagerten Lamm mit Messer und Gabel zu Leibe rückte, senkte sich schon der glänzende Nabel der schlangengleichen Bauchtänzerin bedrohlich über meinen Teller.

Auch der Versuch, mich durch den unbeirrten Blick in die druckfrische Ausgabe eines deutschen Nachrichtenmagazins der unerwünschten Bedrängnis durch die nabelfreie Samstagabendunterhaltung zu entziehen, schlug fehl. Die Welt war schrecklich nah und laut, heiß und zudringlich. Die unerwartete Attacke auf Geschmack, Nerven und Lebenskultur sah fast so aus, als hätte Loriot das Setting für einen Sketch über den Mann in den besten Jahren entworfen: Der Kampf um Jodeldiplom und Kosakenzipfel ist vorbei, nun geht es um das Endliche im Unendlichen, um Metaphysik und das kostbare Vergnügen der Stille im Tosen der Zeitläufte.

Ich jedenfalls spürte in diesem Augenblick das starke Bedürfnis, einfach in Ruhe gelassen zu werden und mein Lamm-Couscous in Frieden und Respekt vor dem ermatteten und hungrigen Individuum gemäß der UNO-Charta für Menschenrechte verspeisen zu können.

Der Tag war lang, und es war genug Welt und Weltaufregung darin gewesen. Für heute zumindest reichte es. Unwillkürlich erinnerte ich mich daran, wie Rudolf Augstein vor ein paar Jahren in einer Festansprache dem erstaunten Publikum mitgeteilt hatte, er wolle nun keine Menschen mehr kennen lernen – er kenne mehr als genug.

Auch ich wollte an diesem Abend keine Menschen

mehr kennen lernen, nicht mal eine schwarzhaarige Bauchtänzerin aus Neukölln oder Friedrichshain, die sich alle Mühe gab, den Orient nach Berlin-Mitte zu tragen.

Für den Moment würde es völlig ausreichen, wenn Mensch und Welt einen angenehm vermischten Hintergrund abgäben, ein Tableau vivant, eine dezent anregende Geräuschkulisse mit szenischer Aussicht auf die Nachbartische: ein Hauch von »Rossini«.

Das Gefühl, es könne einem irgendwann genug sein mit all dem irren irdischen Treiben, befällt mich sehr selten, doch schon der gelegentliche Vorschein auf den Zustand einer Sättigungsgrenze bei der persönlichen Welterfahrung lässt mich stutzen: Beginnt er also jetzt schon, jener lebensweltliche Erschöpfungszustand, der trotz Darmspiegelung, Yoga und Krankengymnastik irgendwann von Gevatter Tod ungnädig und für immer beendet werden wird?

Nein, so weit ist es noch nicht. Aber immer öfter taucht der Wunsch nach einem gewissen Innehalten auf, nach einem Freiraum des Nachspürens und Nachdenkens, nach frischer Luft, Abstand und Kontemplation. Plötzlich ist man gar nicht mehr so wild auf Überraschungen – was auch daran liegen mag, dass sie nicht mehr wie selbstverständlich positiv besetzt sind.

Heute erscheinen Überraschungen und abrupte Richtungsänderungen des Tagesverlaufs eher als unliebsame Störfaktoren des geregelten Daseins, und die eigentlich unvergängliche Neugier auf das Unbekannte mischt sich hier und da schon mit ästhetischem Überdruss und der einschlägigen Lebenserfahrung, dass die Sensation des aufregend Neuen nicht mehr unbedingt hinter jeder Ecke lauert.

Schlimmer noch: Eine unbestimmte Ängstlichkeit meldet sich hier und da, eine ganz neue Bedenkenträgerei, und die Risikofreude nimmt deutlich ab. Schon ein merkwürdiger Kontrast: Während unzweifelhaft Souveränität und Selbstsicherheit gewachsen sind, gewinnt zugleich eine Kultur der Vorsicht an Boden, ein Wägen und Abwägen, eine Strategie der Vermeidung und Rückversicherung.

So schleicht sich hinterrücks, aber zuverlässig jenes vermaledeite konservative Element ins Betriebssystem des progressiven Alltags, dem auch die Generation Z offensichtlich nicht widerstehen kann, Cat Stevens' sanft mahnende Stimme – »You are still young, that's your fault« –, die einschmeichelnd vom kleinen Glück der Affirmation singt: Lass gut sein, du wirst auch noch darauf kommen, dass die Erde eine Kugel ist. Sei friedlich, setz dich hin und lies ein gutes Buch!

Der unbegründete vitale Optimismus der jungen Jahre hat sich in die nur zu gut begründete Weltskepsis derer verwandelt, die sich dennoch scheuen, ihre desillusionierte Grundhaltung schlicht und ungeschminkt Pessimismus zu nennen. Dabei handelt es sich gar nicht mehr um die alte, schwarz glänzende

Apokalypseverliebtheit, die ja zugleich und wortwörtlich eine Offenbarung war, der Aufruf zur radikalen Umkehr mit der Dreiwetter-Schubkraft der unbekümmerten Negation, sondern um das gerade Gegenteil.

Parallel zum biologischen Muskelschwund – etwa drei Kilogramm pro Lebensjahrzehnt, sagt die Wissenschaft – schwindet auch das kraftstrotzende Denken in Antagonismen, Freund/Feind-Kategorien und Untergangs- bzw. Erlösungsphantasien.

Stattdessen entwickelt sich ein eher leiser, kritischer Rationalismus, der die alten, ewigen Fragen der Menschheit nicht zuletzt im Lichte der eigenen Biographie neu zu stellen versucht. Manchmal entstehen dabei neue Antworten, manchmal kommt auch nur das sokratische Bekenntnis zum Nichtwissen heraus.

Immer öfter aber bleiben unaufgelöste Widersprüche erratisch in der aufgewühlten Landschaft stehen, und im besten Fall werden Differenz und Toleranz zu wichtigeren Vokabeln als System und Widerstand im Sinne vergangener Parolenseligkeit à la »Weg mit …!« und »Hoch die …!«.

Die Stunden jedenfalls, in denen eine Ahnung von gefühlter Lebensbilanz in der Luft liegt, die Einsicht, dass es zwar irgendwie immer weitergeht, aber eben nicht mehr schnurstracks in die gute alte Zukunft von morgen und übermorgen – sie häufen sich. Motto: Was war, was kommt, was bleibt. Wie viele Hoffnungen hat man schon mit dem notariellen Totenschein namens »Illusion« begraben müssen? Andererseits: Was hat sich wider Erwarten prächtig entwickelt oder wenigstens ganz ordentlich bewährt?

Das Bewusstsein von der spezifischen Begrenztheit der eigenen Möglichkeiten, das sich in immer neuen Erkenntnisschüben ausbreitet, verschärft noch die nüchterne Wahrheit: Das Leben frisst alle Theorie, und die Enttäuschung ist die Mutter aller Weisheit.

Nichts aber hatte die Generation Z mehr verabscheut als die theoriefeindliche Litanei der Eltern, der zufolge all die tollen Ideen und Utopien, die man damals vom Gesellschaftskundeunterricht oder aus dem selbstbestimmten Kommunikationszentrum mit nach Hause gebracht hatte, doch völlig weltfremd seien, rein theoretisch und so abstrus wie abstrakt, idealistische Schwärmerei, Blütenträume der Realitätsblindheit, nichtswürdige Phantastereien.

Wenn dann noch der allseits gefürchtete Topos der »Lebenserfahrung« wie ein Totschlagargument auf so wunderbare Dinge wie Rätedemokratie, freie Liebe und die flächendeckende Begrünung der Sahara mit mediterranem Buschwald heruntersauste, war die häusliche Streitkultur an ihrem Siedepunkt: »Das funktioniert doch nie, das mit der Anarchie!«, hieß es, während die selbst gemachten Kartoffelklöße in der weißen Schüssel dampften. »Und außerdem, die Menschen sind dagegen. Ohne Hierarchie und Autorität geht es einfach nicht!«

Das war sie, die so schrecklich triviale Lehre von der anthropologischen Konstanten – der Mensch ist schlecht und unbelehrbar, vor allem: Er ist, wie er ist. Sie brachte auch mich regelmäßig zum Rasen. Denn darum ging es doch gerade, das sollte sich ja ändern! Die Verhältnisse, so glaubte nicht nur ich, wenn ich im Rehrücken- und Kartoffelkloßparadies Mama zu Gast war, die Verhältnisse müssten eben gründlich verändert werden, um dem Menschen zu erlauben, anders zu werden, anders sein zu können.

Doch der Gott der Uneinsichtigen war mächtig und böse – es gab kein Pardon: Wie jahrhundertealter Mehltau aus Resignation und Reaktion legte sich der elterliche Konservatismus einer angeblich ewigen Logik vom irdischen Jammertal beim Sonntagsbraten auf die jugendliche Leidenschaft zur Weltverbesserung. Manchmal hielt mich nur die Aussicht auf den Nachtisch vom vorzeitigen Aufbruch ab.

Denn wozu das alles? Diese Frage stand damals in vielen Reihenhäusern und Sozialbauwohnungen zwischen Freiburg und Kiel wie ein Flammenzeichen in der tapezierten Wohnküche: Wozu machten sich die berufsmäßigen Optimisten der Generation Z überhaupt die Mühe der revolutionären Überzeugungsarbeit noch im engsten Familienkreis?

Wozu hielt man denn beim Fürst-Pückler-Eis von Langnese hochkomplexe Stegreif-Vorträge über den Zusammenhang von Unterentwicklung in Lateinamerika, der Vernichtung des Regenwalds und dem

Ausbau der Atomenergie in Hessen-Süd? Und wozu führte man eigentlich, zynisch genug, die Hungertoten in Äthiopien gegen die absurden Agrarüberschüsse der Europäischen Gemeinschaft ins Feld, die Elendslager in Somalia gegen Milchsee und Butterberg in Brüssel, während das dritte Stück Erdbeertorte gerade auf dem Teller landete?

Das alles geschah doch nur, um die Naturnotwendigkeit der schlechten Wirklichkeit, den Ewigkeitswert der vermeintlich besten aller Welten zu widerlegen und damit freie Bahn zu schaffen für das eigene Wirken im Namen von Zukunft und Fortschritt. All die Theorien in den Regenbogenfarben des Suhrkamp-Verlags, die in den siebziger Jahren verschlungen wurden wie Spaghetti Carbonara, hatten letztlich nur einen Zweck: Sie sollten das ideologische Kartell der bürgerlichen Kartoffelkloß-Kultur aufbrechen und den Aufstand der transzendenten Hoffnung begründen. Gegen das spießige Einverständnis mit den herrschenden Zuständen wurde nicht zuletzt mit den Waffen wissenschaftlicher Erkenntnis gekämpft – jede Zeile entlarvender Kritik war ein Schlag ins Gesicht der Bourgeoisie und ihrer politischen Propagandisten.

Begierig und begeistert las man deshalb Ernest Mandels »Marxistische Wirtschaftstheorie«, Jürgen Habermas' »Legitimationsprobleme im Spätkapitalismus« und Herbert Marcuses »Der eindimensionale Mensch«, aber auch »Die offenen Adern Lateinamerikas« von Eduardo Galeano und Guido Viales melancholische Hymne auf die Revolte südlich der Alpen: »Die Träume liegen auf der Straße«.

Man studierte Bloch, Brecht und Freud, Sartre und Camus, Wilhelm Reich, Foucault und Enzensberger, Aragon und Althusser, Simone de Beauvoir und Peter Brückner – daneben Massen von Sekundärliteratur unterschiedlichster Qualität. In den Bänden mit ausladend prätentiösen, oft überlangen Titeln wurde immer wieder versucht, Marx auf die Füße zu stellen und Hegel auf den Kopf, den Spanischen Bürgerkrieg im Lichte der anarchistisch-antikommunistischen Gewalt von Buenoventura Durruti & Co. zu interpretieren und die deutsche Arbeiterbewegung als Zusammenschluss patriarchalischer Machos zu entlarven, die den Sozialdemokraten ständig und unbelehrbar auf den reformistischen Leim gingen.

Unermüdlich wurde deduziert, synthetisiert und abstrahiert, analysiert und prognostiziert.

Dem soziologischen Röntgenblick entging nichts, und die analytischen Begriffe wetteiferten mit der Schärfe chirurgischer Sezierinstrumente. Ob es um »Angst im Kapitalismus« oder um »Imperialismus und strukturelle Gewalt« ging – das linke Wissenschafts- und Soziologendeutsch der siebziger Jahre hat sich zweifellos historische Verdienste erworben und gehört inzwischen zum linguistischen Weltkulturerbe der Menschheit.

Schon ein harmloses Beispiel wie der vergleichsweise verständliche Satz »Dass dieser Widerspruch durch das Kapital nicht auflösbar ist, folgt aber nicht allein aus der Inkongruenz seiner individuellen und gesellschaftlichen Verwertungsrationalität« veranschaulicht die charakteristische Semantik dieser Epoche: die Faszination einer schier allmächtigen Theorie der Welterklärung, die wie ein Passepartout, ein Vademekum, ein Mantra funktionierte. Auf irgendeine Frage gab sie immer die korrekte Antwort.

Das zuweilen akrobatische Ausmaß der sprachlichen Abstraktion war zugleich ein todsicheres Zeichen dafür, dass umgehend »konkret« und radikal gehandelt werden musste. Denn Wissen war hier nicht nur Macht, es verpflichtete zugleich das intelligente Subjekt, historisch Sinnvolles und moralisch Hochwertiges damit anzustellen. Wie das materielle Eigentum sollte auch geistiges Eigentum nach Artikel 14,2 Grundgesetz »zugleich dem Wohle der Allgemeinheit dienen«.

So war der Straßenkampf gleichzeitig Widerpart und Konsequenz der Studierstube, Ort der »revolutionären Praxis« und Erfahrungsraum für weiterführende Reflexionen.

Besonders sperrige Traktate wie das »Handbuch 3 Inflation – Akkumulation – Krise, I. Inflation und Reproduktion des Kapitals« wurden in kollektiven Lektüresitzungen ebenso gründlich wie gnadenlos durchgearbeitet, bevor der Tapeziertisch für den samstäglichen Info-Stand klargemacht werden konnte.

Doch so mühsam und anstrengend die Lektüre zuweilen war – sie bildete ein scheinbar sicheres Gerüst fürs Argumente-Klettern auf dem Weg zum Gipfel der Welterkenntnis. Per aspera ad astra – auf dem Rücken der Bücher in den Himmel eines anderen Lebens. Mit uns las die neue Zeit.

Wie ein revolutionäres GPS-System aus satellitengestützten Bewegungsmeldern – so präsentierten sich die jeweils steilsten Thesen zur Staatstheorie, zum aktuellen Stand emanzipierter weiblicher Identität oder zu Fragen revolutionärer Subjektivität in der postfordistischen Gesellschaft.

Stolz wurden frisch angelesene Theoriefragmente im Seminar und am Kneipentisch zum Besten gegeben: Der Vorsprung durch Wissen war mindestens ebenso wichtig wie Zuverlässigkeit im Straßenkampf und die richtige Leimmischung beim Plakatekleben, und der erste Blick beim Betreten fremder Wohnungen ging aufs Bücherregal, bevor er sich auf die Schallplattensammlung stürzte; heute bestaunt man das italienische Design der offenen Küche und den loftmäßigen Blick über die Dächer der Stadt.

Es ist heute kaum noch vorstellbar, wie sehr dieses intellektuelle Universum mit ganzen Milchstraßen aus komplizierten Theorien und utopieschwangeren Weltvorstellungen in den siebziger Jahren den Lebenshorizont des linksalternativen Alltags prägte.

Selbst jene, die damals nur die Gassenhauer der linken Lesekultur von Adorno bis Zwerenz, und sei es über Rezensionen, Partygespräche und Klappentexte, zur Kenntnis nahmen, lebten beständig in dem Bewusstsein, all die klugen Bücher, die pausenlos auf den Markt geworfen wurden, bildeten zusammen so etwas wie eine Weltkarte der wahren gesellschaftlichen Bewegung, auf der die Ströme des Kapitals ebenso eingezeichnet waren wie die Festungen politischer Herrschaft und die Stauseen aufrührerischer Ungeduld. Irgendwann aber, so viel schien gewiss, würden die aufgeweichten Dämme dem Druck der Massen nicht mehr standhalten.

Heute bin ich intuitiv eher dankbar, wenn die Dämme halten, ob im metaphorischen Sinne oder ganz real. Denn die Fluten der revolutionären Praxis jedweder Couleur, so viel hat sich gezeigt, reißen mit Vorliebe Gerechte wie Ungerechte gleichermaßen in die Strudel der rasenden Geschichte.

Die zeitgenössischen Erfahrungen, die die Generation Z etwa mit dem mörderischen Steinzeit-Kommunismus in Kambodscha unter Pol Pot oder dem fundamentalistischen Gottesstaat des Ajatollah Chomeini machen musste, haben die Lust auf radikale Umwälzungen nachhaltig gedämpft. Auch Chile, Nicaragua, Simbabwe, Algerien und Eritrea, langjährige Projektionsflächen revolutionärer Befreiungsträume, wurden dem schönen Schema eines prinzipiell anderen »dritten« Weges niemals gerecht – von Despotien wie Kuba, Nordkorea, Libyen und Saddam Husseins Irak ganz zu schweigen.

Kein Zweifel: Heute würden auch tausend Landkarten nicht ausreichen, um sich in der globalen Unübersichtlichkeit angemessen zurechtzufinden und jederzeit glasklar Position beziehen zu können. Die Euphorie der ebenso leidenschaftlichen wie kompakten Welterklärung scheint so fern wie ein verglühter Planet.

Das Weltchaos macht nicht mehr Mut zur Zukunft, sondern Angst vor Bürgerkrieg und Terror. Nicht zufällig ist das akademische Schlagwort für die neue terroristische Realität – »asymmetrische Bedrohung« – ein deutlicher Hinweis auf die Gefahren, die der Zerfall jeder auch nur im Ansatz rationalen gesellschaftlichen Ordnung hervorbringt.

Der tendenziell triumphalistische Gestus jedenfalls, mit der einst politische und andere Katastrophen in die eigene Weltwahrnehmung eingeordnet wurden – alles hatte da irgendwie seinen richtigen Platz in der Topographie des ausgedachten Fortschritts –, ist längst durch die mediale Dauerpräsenz des weltweiten Unheils verdrängt worden.

Eine Art permanenter Erregungszustand, der manchmal von Hysterie kaum zu unterscheiden ist, hat die einst so sicher geglaubte politische Urteilsfähigkeit weithin verdrängt. Tagtäglich wird der virtuelle Weltbürger mit Skandalen und Hiobsbotschaften aller Art bombardiert, mit aktuellen und potenziellen

Katastrophen, die er kaum noch intellektuell und emotional verarbeiten kann.

Oder wie soll man sich etwa zur terroristischen Bedrohung durch Pockenviren verhalten, die heute oder morgen Millionen Menschen dahinraffen könnten? Und in welches Erklärungsmuster passen islamische Selbstmord-Attentäter gegen die »Ungläubigen« der westlichen Welt, die mit Senfgas, Milzbrandviren und »schmutzigen« Atombomben den Wohlgefallen Allahs erregen wollen und sich dabei voller Vorfreude auf mindestens siebzig Jungfrauen im Paradies einstellen?

Zugleich sorgt der glitzernde Infotainment-Furor dafür, dass sich vor die Frage, ob das Abendland nun endgültig dem Untergang geweiht sei, immer wieder ungleich dringendere schieben: Ist Daniel Küblböck, 17, angehender deutscher »Superstar«, vielleicht doch nicht schwul? Wie soll das Baby von Verona Feldbusch heißen? Taugt Olli Kahn nach seiner Affäre mit dem Münchner Partyluder noch zum Vorbild für anständige deutsche Männer? Warum hat die schöne Michelle Hunziker, Ex-Frau von Eros Ramazzotti, laut »Bild« eigentlich 465 Tage in Folge keinen Sex gehabt?

Der kritische Staatsbürger als zappender Fernsehkonsument sieht sich einem wahren Trommelfeuer disparater Reize ausgesetzt, die ihrerseits wieder unkalkulierbare Reflexe und Reizreaktionen auslösen, bevor am Ende womöglich doch noch so etwas wie

Reflexion einsetzt. Unterdessen beschleunigt sich die Abfolge der echten und inszenierten Ereignisse immer weiter. Da gibt es buchstäblich kein Halten mehr, während Realität und Simulation immer neue Mischungsverhältnisse eingehen und die Dummheit frech im Scheinwerferlicht glänzt, wenn sie ihren täglichen 24-Stunden-Ausgang nimmt.

Der gute alte Begriff der Aufklärung, den die Generation Z sich ostentativ angeeignet hatte, gerät dabei allmählich ins Hintertreffen. Aufklärung, zumal im Sinne Adornos und seiner Adepten, ist zum imaginären Ort geworden. Im harten staatsbürgerlichen Alltag zwischen »Richterin Barbara Salesch« und »Mad Max II – der Vollstrecker« dominiert das wilde Surfen im Ozean der Informations-Bytes, ein unentwegtes Abfahren des medialen Slalomkurses zwischen Katastrophe und Klamauk, tödlichem Wahnsinn und heillosem Schwachsinn.

Kein »Tagesthemen«-Kommentar schafft da mehr Ordnung, und »Sabine Christiansen«, das sonntägliche Hochamt der deutschen Debattenkultur, hinterlässt auch bei den diskussionsgestählten Veteranen der Generation Z meist nur das weiße Rauschen von Überdruss, Ratlosigkeit und transzendentaler Verwirrung.

Die Idee des prinzipiell überlegenen, von außen sezierenden Blicks einer umfassenden Weltbetrachtung ist längst im medialen Tohuwabohu explodierender Elementarteilchen untergegangen. Auch das kritische Subjekt liest längst »Gala« und »Bunte« und labt sich auf fast schon perverse Weise an der Obszönität, in der zum Beispiel die sonntägliche RTL-Sendung »Exclusiv – Weekend« die Grenzdebilität extrem reicher Millionärsgattinnen ausstellt, deren schlauchbootartig aufgespritzte Lippen allerdings fast noch besser in das TV-Magazin »SOS Notruf« passen würden.

Alle medien- und selbstkritischen Nachtgedanken ändern nichts an dem grundsätzlichen Tatbestand, den Boris Becker einmal so formuliert hat: »Ich bin schon drin.«

Noch etwas genauer: Wir sind schon drin. Wir alle, ohne Ausnahme. Und wir machen fleißig mit.

Schon vor Jahr und Tag habe ich festgestellt, dass auch mir in der Regel nichts Besseres einfällt als das tägliche Weiterknabbern am Weltgeschehen – nach wie vor in kritischer Grundstellung, aber letztlich doch als kleiner Haribo-Bär, der von fremden Tüten-Fluten mitgerissen wird.

Inzwischen kommt es sogar vor, dass ich, ein bekennender Nachrichten-Junkie, eine Ausgabe der »Tagesschau« bewusst meide, mich lieber schon vor 20 Uhr auf den Weg ins Restaurant mache und im Geiste Tortellini gorgonzola senza tutti problemi bestelle: Es muss ein Leben jenseits von George W. Bush, Angela Merkel und Franz Müntefering geben, ein Leben jenseits von Kriegsdrohung, Gesundheitsreform und Ladenschlussgesetz.

Die Sehnsucht, von all dem auch einmal in Ruhe gelassen zu werden, steigt dramatisch an. Hier handelt es sich eindeutig um einen altersbedingten geschichtsphilosophischen Verschleißprozess, eine Art Arthrose des politischen Bewusstseins.

Im Angesicht jahrzehntelanger Erfahrungen mit dem Endlos-Karussell aus Brutalität, Fanatismus, Verlogenheit und Ignoranz weigert sich die kritische Instanz des Geistes hier und da, ihre Arbeit wie gewohnt zu verrichten. Der Sisyphos-Effekt macht sich in einer befristeten Streikdrohung des Intellekts bemerkbar. In bestimmten Augenblicken will er nicht mehr mitdenken und für das Ganze verantwortlich sein im Sinne von Immanuel Kant und Ulrich Wickert; manchmal will er einfach gar nichts mehr wissen – nichts mehr hören und nichts mehr sehen.

Wenn ich etwa wieder einmal die unentrinnbaren »Tagesschau«-Bilder von palästinensischen Selbstmord-Anschlägen in Jerusalem oder Tel Aviv und israelischen Vergeltungsangriffen auf Gaza-Stadt vor Augen habe, trägt die Heillosigkeit des Nahostkonflikts gewissermaßen auch autobiographische Züge.

Als der Jom-Kippur-Krieg 1973 mit dem Sieg Israels und der Besetzung weiterer Territorien endete, war ich 18 Jahre alt und bereitete mich gerade auf mein Abitur vor. Seitdem verfolgen mich die unaufhörlichen Nachrichten von Krieg, Terror und so genannten Friedensverhandlungen wie ein vertrauter Albtraum, wie ein gewohnheitsmäßiger Schrecken, der nach dreißig Jahren trotz des immer wieder blutig aufgefrischten Horrors und des unermesslichen menschlichen Leids so verschlissen wirkt wie eine alte abgewetzte Hose.

Ähnlich wie der weltweit keinem einzigen Nicht-Iren mehr zu vermittelnde Dauerkonflikt in Nordirland und das irrsinnige Weiterbomben der baskischen ETA scheint der Kampf zwischen Israelis und Palästinensern eine Großmetapher für das Scheitern der Idee von Vernunft und Diskurs überhaupt zu sein, für die Unfähigkeit, den Vorteil im erträglichen Kompromiss zu suchen statt im wahrhaft unerträglichen Weiter-so des Wahnsinns.

Selbst das bloß abstrakt (mit-)leidende Zuschauen vom Fernsehsessel aus ist in manchen Augenblicken nur schwer auszuhalten, und die verlässlich wiederkehrende, lähmende Dumpfheit des immergleichen Elends drückt jede nur denkbare Schrumpfversion des Prinzips Hoffnung unter das Wahrnehmungsniveau eines durchschnittlichen Finanzbeamten.

Eine Ahnung von Resignation kommt auf, die Züge des Unmenschlichen trägt – wenn denn zum Menschsein das Vermögen der Vernunft überhaupt noch gehören soll.

Die geschichtsphilosophischen Ermüdungserscheinungen jedenfalls erinnern mich von Zeit zu Zeit an die fast vergessenen Streitgespräche im sonntäglichen Rehrücken- und Kartoffelkloßparadies der Eltern. Hatten sie also doch Recht mit ihrem nahezu misanthropischen Verhältnis zu dem, was Humanismus und Aufklärung der Menschheit geschenkt hatten – den leidenschaftlichen Glauben an sich selbst, an die unveräußerliche Würde und Freiheit des souveränen Individuums, an ein glückliches Leben in Gleichheit und Brüderlichkeit?

Goethe, Schiller, Hölderlin – alles nur romantische Lektüre für rotweinselige Stunden? Das O-Mensch-o-Freiheit!-Pathos – ein Fall für die Sekundarstufe II?

So groß die Versuchung auch sein mag, den Eltern im Nachhinein Abbitte zu leisten und allzu laut das mea culpa! anzustimmen – sie hatten nur zum Teil Recht; vor allem dort, wo sie die Überspitzungen und Überschwänglichkeiten des radikalen Bruchs mit dem Bestehenden im Namen des Realitätsprinzips zurückwiesen. Und es stimmte ja: Die Anarchie hielt letztlich nie, was sie versprach, und auch die Sahara ist in den vergangenen Jahren ganz von alleine geschrumpft. Dafür ist die parlamentarische Demokratie weit erfolgreicher gewesen, als ihre einstigen Verächter je geahnt haben.

Wie so oft aber, wenn lebensphilosophisch Not am Mann ist, hilft der Generation Z dialektisches Denken, auch wenn es manchmal im unerlöst nackten Paradox stecken bleibt.

»Wenn die Nacht am tiefsten ist, ist der Tag am nächsten«, sangen einst »Ton Steine Scherben«, und ganz ähnlich verhält es sich mit meinen Anfällen von akutem Geschichtsverdruss und quälender Politikmüdigkeit: Wenn Skepsis und Pessimismus am stärksten sind, wird auch der alte rebellische Geist wieder wach. Wenn die Verzweiflung nur groß genug ist, keimt auch wieder der Gedanke an Veränderung.

Hier hat Bertolt Brecht tatsächlich Recht: Nichts bleibt, wie es ist, und schon immer gehörten Zweifel und Hoffnung zusammen, das Ende einer Sache und der Anfang einer neuen.

Nur der utopische Geschichtsoptimismus hat dieses spannungsreiche Verhältnis – als Systemkritik und Weltrevolution – ins Korsett eines angeblich gesetzmäßigen Fortschritts gezwängt. Motto: Vorwärts immer, rückwärts nimmer.

Dabei existiert doch erst jenseits quasireligiöser Visionen von der endgültigen Befreiung der Menschheit ein Reich der Freiheit, aus dem nur vertrieben werden kann, wer den Geist und die Lust des Widerspruchs nicht kennt, wer die Wirklichkeit als Ultima Ratio feiert wie der Hofhund den einzigen Knochen, der ihm tagtäglich als leckerste aller Mahlzeiten hingeworfen wird.

Im Laufe der Jahre wurde ein Satz aus Manès Sperbers Vorwort zu seinem tausendseitigen Epochenroman »Wie eine Träne im Ozean« fast so etwas wie ein Leitmotiv für meinen angespannten metaphysischen Zustand: »Die Einsamkeit«, so hatte der berühmte Renegat des europäischen Kommunismus aus den dreißiger Jahren des 20. Jahrhunderts geschrieben, sei vielleicht »die einzige Form der Gemeinschaft, in der jene zueinander finden, die aus der gleichen Quelle den Mut schöpfen, ohne Illusionen zu leben«.

Der Satz klang vielleicht ein bisschen zu pathetisch, weil er aus jener Zeit stammte, als die Frage Stalin oder Hitler, Kommunismus oder Faschismus für viele Zeitgenossen eine existenzielle, wahrhaft tödliche Alternative bedeutete, aber seine scharfe Paradoxie traf die Sache: Es geht um die Einsamkeit des Widerspruchs, den nur das freie Individuum formulieren kann, durch den es zugleich aber auch die Fähigkeit gewinnt, andere zu überzeugen und mitzureißen auf dem schwierigen und steinigen Weg, sich der Wahrheit zu stellen.

Um einige historische Dimensionen verkleinert, war es nicht zuletzt auch eine Erfahrung der Generation Z, dass immer wieder Mut dazu gehörte, aus vermeintlich unausweichlichen Gegenüberstellungen auszubrechen, in denen Freund und Feind sich ideologisch verbunkert hatten. Gerade die siebziger Jahre, in denen die Generation Z ihr Verhältnis zur Welt und zur Politik ausprägte, waren voller radikaler Alternativen, die keinen Kompromiss, keinen Konsens zu dulden schienen. »Sieg oder Tod, Mensch oder Schwein« – das war nicht nur für RAF-Kämpfer Holger Meins die Frage, der 1975 während eines Hungerstreiks starb.

1977, im Jahr terroristischer Anschläge mit dem

Höhepunkt der Schleyer-Entführung, kulminierte dieser ideologische Manichäismus in der Frage »RAF oder Staat« – entweder für die revolutionäre Guerilla der Linken oder für das bürgerlich-kapitalistische System.

So absurd diese Alternative heute klingt – für viele war sie damals eine durchaus quälende Angelegenheit. Wenn auch die meisten aus der Generation Z keine Freunde des mörderischen Terrors der RAF waren und die Strategie der »Stadtguerilla« von Andreas Baader und Ulrike Meinhof letztlich für desperadohaftes Abenteurertum hielten, so schien es ihnen doch unmöglich, für den Staat Partei zu ergreifen. Er war und blieb ihr Gegner und Feind – das zentrale Repressionsinstrument des kapitalistischen Systems, der Hüter der Herrschenden, die grundfalsche Ordnung der Dinge.

Zehn Jahre später waren die meisten freilich längst Repräsentanten des bürgerlichen Staates geworden, ob als Lehrer, Abgeordnete, Minister, Zeitungsredakteure, Werbetexter, Zukunftsforscher, Ärzte oder Fernsehmoderatoren. Und noch bevor sie sich wenigstens ausgiebig die Augen reiben konnten angesichts des unfassbaren Umstands, dass sie nun zu jenen gehörten, vor denen sie immer gewarnt hatten, tauchte der Begriff des Verrats auf, der sie von Anfang an begleitet hatte: der Verrat an Überzeugungen und Utopien, die eben noch die Leitsterne ihres Denkens und Handelns gewesen waren.

Es ist kein Zufall, dass bis heute in den Spalten der Berliner »tageszeitung« (»taz«), ein zentrales Projekt der Generation Z, der Vorwurf des Verrats an politischen Positionen aus guter alter Zeit zum Standardrepertoire gehört – wenn nicht explizit, dann unterschwellig.

Im Handumdrehen und mit der Routine geübter Gesinnungsprüfer werden nach wie vor Kriegstreiber, Karrieristen, Kapitalistenknechte und Opportunisten der Macht entlarvt, denen die Maske vom Gesicht zu reißen all jenen eine freudige Pflicht ist, die immer noch derselben Meinung sind, die sie schon vor zwanzig Jahren nicht wirklich begründen konnten.

Vor allem in den täglichen Leserbriefen tobt sich ein linksalternatives, provinzielles Spießertum aus, dessen Aggressionen sich gegen alles richten, was nach Desertion von der kämpfenden Truppe aussieht, auch wenn die sich längst in alle Himmelsrichtungen zerstreut hat.

Selbst noch so zwingende Veränderungen des Denkens in bewegter Zeit gelten überwiegend als böses Renegatentum, als gemeiner Abfall vom Glauben. Lieber, so die einschlägige Grundhaltung beim morgendlichen Milchkaffee mit »taz«, Biobrötchen und selbst gedrehter Gauloise, lieber bleibt man sich im stolzen Irrtum treu – dort, wo die vertrauten Ressentiments so tief sitzen wie die Angst vor ideologischer Verunsicherung und dem Alleinsein mit etwaigen eigenen Zweifeln.

Das alles ist kein Wunder, denn das, was seit Jahren zeitgeistkompatibel und harmlos als »political correctness« bezeichnet wird, ist nur ein schwacher Abklatsch jenes Systems aus Ge- und Verboten, das in den siebziger Jahren den subkulturellen Verkehr und das gesellschaftliche Leben der Generation Z bis in den Alltag hinein regelte. »Beruf« und »Karriere« zum Beispiel, soweit sie das Taxifahren, die kreative Mitarbeit in Kindertagesstätten und das aushilfsweise Vorführen russischer Experimentalfilme in alternativen Programmkinos perspektivisch überschritten, waren politisch und moralisch stigmatisiert.

Deshalb meldete sich das internalisierte linke Über-Ich der Generation Z stets unaufgefordert und selbsttätig, wenn die neuen bürgerlichen Jobs schon rein finanziell in bisher unbekannte Dimensionen des einstigen »Schweinesystems« führten.

Anlässe dafür gab es genug, denn plötzlich konnte auch ich mir mal einfach so Jackett und Hose kaufen, dazu klassisch schwarze Halbschuhe von Pierre Cardin und noch zwei schöne blaue Hemden mit dünnen weißen Streifen. Plötzlich schrieb man für bürgerliche, gar konservative Zeitungen und ertappte sich dabei, wie man alten Freunden ein bisschen entschuldigend und ganz nebenbei erzählte, dass das Feuilleton der FAZ natürlich viel liberaler sei als der Politikteil, in dessen stockreaktionären Leitartikeln man einst nach der publizistischen Strategie der herrschenden Klasse gefahndet hatte. Plötzlich zahlte man mit Kreditkarte und aß in Restaurants, deren Scheiben man früher eingeworfen hätte, fuhr mit dem Taxi vor und stieg schon mal in Viersternehotels ab, weil der Landregen im Burgund den Spaß am Zeltaufbau verdorben hatte.

Schlechtes Gewissen war die Leitwährung, in der man für den gesellschaftlichen Aufstieg zahlte. Der Preis aber war der Verrat von Idealen, die eben noch das seltsam ungefähre, schwebende Leben bestimmt hatten. Jener notorische Schuldvorwurf, den die politischen Protagonisten der Generation Z gerne dem jeweils anderen gemacht hatten, schlug nun auf sie selbst zurück.

Es zeigte sich da eine haarscharfe Trennung in der persönlichen Gewissenserforschung:

Auf der einen Seite gab es den eher widerwilligen, oft schmerzhaften, aber bewussten und intellektuell geradezu unvermeidlichen Abbau von alten unhaltbaren Weltbildern, auf der anderen Seite die nicht zu verdrängende Frage, inwieweit man sich gleichwohl und im eher unguten Sinne an die Verhältnisse angepasst hatte – bequem, privilegiert und unsensibel gegenüber fremdem Elend.

Immer wieder stelle auch ich mir die Frage, ob in meinem Leben das überhaupt noch vorkommt, was mich früher auf die Barrikaden getrieben hat – ob ich, jenseits von »Tagesschau«, »heute journal« und »Was nun, Herr Westerwelle?«, die bittere Realität in weiten Teilen der Welt überhaupt noch an mich heranlasse; ob ich nicht schon längst wieder in einer abstrakten Traumwelt lebe, die diesmal allerdings nicht ideell konstruiert wäre, sondern materiell, kurz: ob der Prozess der ideologischen Desillusionierung am Ende die Fähigkeit zu Kritik, Dissens und politischem Engagement gleich mit unter sich begraben hat.

Und es ist ja richtig: Wann mache ich mich als Staatsbürger schon mal politisch bemerkbar jenseits der Feuilletonspalten? Wo mische ich mich denn ein? Wo beziehe ich Stellung? Wem helfe ich? Was verändere ich eigentlich überhaupt noch?

Gewiss, hier und da diskutiere ich mit Freunden und Bekannten über drängende Weltprobleme und spende für ein vietnamesisches Dorf, in dem späte Opfer des amerikanischen Gift-Einsatzes von »Agent Orange« betreut werden; ich laufe bei antifaschistischen Großdemonstrationen mit, die regelmäßig am Brandenburger Tor enden, und stelle mich schon mal mit hundertfünfzig meist jüdischen Bürgern vor die FDP-Zentrale in Berlin-Mitte, um gegen die antisemitische Möllemania zu protestieren.

Doch es reicht, wenn ein Redner den falschen Ton anschlägt und unangebrachtes Pathos auf miserable Rhetorik trifft, wenn vermeintlich große Worte an den kleinen, hässlichen Wirklichkeiten knapp vorbeizielen oder eine bestimmte Art von gemeinschaftsstiftender Protestmusik erklingt – und schon beginne ich den fluchtartigen Rückzug aus der kritisch-solidarischen Öffentlichkeit.

Dann wird mir all das Symbolisch-Emphatische wieder überwiegend peinlich, und alte Erinnerungen kommen hoch, Erinnerungen an hochfahrende Selbstgerechtigkeit und wärmende ideologische Gewissheit – an damals, als alles so klar war und so wunderbar mit Marx und Che Guevara.

Es mag ein persönlicher oder generationsbedingter Defekt sein, aber der weltumspannende politische Durchblicker-Moralismus ist mir so unerträglich geworden wie eine Minute »Musikantenstadl«. Wenn Konstantin Wecker in die schwarzweißen Tasten haut, als wolle er den »Willy« im Namen des Antifaschismus musikalisch noch einmal und noch einmal »derschlag'n«, wenn der papstkritische Erweckungstheologe Eugen Drewermann mit seinem stalinistischen Dackelblick auf die empfangsbereite Fernsehgemeinde zielt, um der Wahrheit eine Gasse für die Ewigkeit zu predigen, dann sträuben sich mir alle noch verfügbaren Körperhaare.

Andererseits bin ich immer noch in der Lage, beträchtliche Mengen einer emotionsgeladenen politischen Feindschaft, ja sogar echten Hass aufzubringen, der durchaus in einer klaren biographischen Kontinuität steht. Wenn etwa die NPD einen ihrer widerlichen Aufmärsche organisiert und die ebenso spätgeborenen wie kurz geschorenen SA-Klone mit schwarzen Springerstiefeln durch die alte Reichshauptstadt stampfen, dann ballen sich meine Fäuste am Straßenrand in und außerhalb der Hosentasche.

Vor allem präventive Sicherheitsüberlegungen sind es, die mich davon abhalten, im vorgerückten Alter noch einmal persönlich Hand anzulegen und tätlich zu werden gegen dieses monströse Ausmaß an Rohheit und Dummheit. Dennoch schießen in kurzen, schnellen Schüben fast vergessen geglaubte Gewaltphantasien hoch, und im Geiste fliegt schon der ein oder andere Pflasterstein in Richtung der brüllenden Männerhorde, die am Alexanderplatz gerade »Hier marschiert der nationale Widerstand!« skandiert.

Dann aber siegt doch der Gedanke an das Gewaltmonopol des Staates, an das Grundrecht auf körperliche Unversehrtheit und die Absurdität der historischen Situation: Nein, der Faschismus steht nicht vor der Tür wie einst im kurzen Sommer der Anarchie – nur die kämpferische Leidenschaft aus alten Tagen, die ist irgendwie immer noch lebendig und virtuell abrufbar.

Kein Wunder: Die Generation Z ist die letzte Alterskohorte in Deutschland, deren Eltern den Nationalsozialismus noch leibhaftig als – zumeist junge – Erwachsene erlebt haben. Einige von ihnen bekleideten Funktionen im NS-Apparat oder waren Mitläufer, andere waren Gegner und Opfer des Terror-Systems. Alle aber waren bewusst Beteiligte.

So war es unausweichlich, dass das Thema nicht nur zu einem Dauerstreit zwischen den Generationen führte, sondern auch die nachgeborenen Zeitgenossen der Generation Z für immer prägte.

Während die heute Zwanzigjährigen schon längst über den schul- und medienpädagogischen Dauerbeschuss mit Hitler, Himmler, Holocaust stöhnen und die fast Achtzigjährigen sich mit Martin Walser über die »Moralkeule Auschwitz« und die »Dauerpräsentation unserer Schande« echauffieren, sitzt die Generation Z historisch und biographisch wieder mal zwischen allen Stühlen: nicht dabei gewesen und doch betroffen.

Ihr ehedem vehement geübter Gestus der Anklage gegen die Eltern – »Was habt ihr gewusst, was habt ihr getan?« –, der zuweilen ungerecht war und sicher Züge eines aggressiv-nachholenden Pseudo-Widerstands trug, hat sich unterdessen in ein lebendiges Bewusstsein verwandelt, das bis heute sehr empfindlich reagiert – nicht nur, wenn die NPD marschiert.

Es war ein lauer Sommerabend, und ich schrieb zu Hause noch an einem Text für die nächste Ausgabe des deutschen Nachrichtenmagazins, als eine jener zeithistorischen Dokumentationen im Fernsehen lief, die den Schriftsteller Walser regelmäßig zum gezielten Wegschauen provozieren. Ich hatte trotzdem eingeschaltet und verfolgte bewegt die bislang gar nicht oder selten gezeigten Originalaufnahmen aus dem deutschen Osten im Jahre 1940.

Heinrich Himmler, der »Reichsführer SS«, war auf Truppenbesuch im Osten und begutachtete ein außergewöhnliches, bislang einzigartiges Experiment: die Vergasung von ungefähr 120 Juden, darunter viele Frauen und Kinder, die in eine Baracke gepfercht worden waren.

Das Experiment, das nur einige Minuten dauerte, gelang zu hundert Prozent.

Himmler bedankte sich bei seinen erfinderischen SS-Kameraden, die nun sehr viel Arbeit vor sich hatten.

Während auf dem Schreibtisch die neuesten Beobachtungen zur deutschen Spaßgesellschaft über den aufgeklappten Bildschirm des Laptops flimmerten, überfielen mich die Tränen.

Ich hatte ähnliche Bilder schon häufiger gesehen, doch es überkam mich eine schreckliche wortlose Scham, und für Sekunden sah ich mich vor dem Fernsehapparat niederknien und die Hände falten. Da schämte ich mich schon wieder ein bisschen und stand auf. Gott sei Dank war niemand Zeuge dieser einsamen geschichtlichen Sekunde gewesen. Mit leicht geröteten Augen schrieb ich kurz darauf weiter über die deutsche Spaßkultur. Der Artikel musste unbedingt fertig werden.

Zu ähnlich ungeplanten Gefühlsausbrüchen war es vor Jahresfrist bei einem eindringlichen Film über jenen letzten Zug gekommen, der 1944 französische Juden nach Auschwitz bringen sollte und wochenlang durch Südfrankreich irrte. An seinem Bestimmungsort kam er nie an, die Alliierten waren bereits an den Küsten Frankreichs gelandet.

Die Art und Weise aber, wie steinalte französische

Bauern heute noch über das Schicksal einzelner geflohener Zuginsassen berichteten, die von ihnen vor fast sechzig Jahren unter großem Risiko in Scheunen und riesigen Heuhaufen vor den ausschwärmenden SS-Schergen versteckt werden konnten, strafte gängige Vorurteile über einfache, als ungebildet geltende Menschen Lügen.

Nicht selten, so die historische Erkenntnis und manche Lebenserfahrung, bringen sie mehr Mut und Mitgefühl auf als Intellektuelle, die ihre konkrete Feigheit theoretisch stets wortreich begründen können.

Vielleicht sind solche sehr privaten Augenblicke vor dem Fernsehapparat auch Hinweise auf die prekäre Moral der Generation Z, die zwischen theoretischer Abstraktion und emotionaler »Betroffenheit« schwankt – das notorische Lieblingswort für den gefühlten Weltschmerz.

Für rettende Heldentaten kam sie um Jahrzehnte zu spät – aber sie war auch zu früh geboren, um nur profitable Hedge Fonds, coole Barbourjacken und gute Laune zu verbreiten.

Sie trug mit an der historischen Last und wollte sich doch nur allzu gern dadurch von ihr befreien, dass sie immer wieder die wahren Schuldigen anklagte. Die aber verschwanden Jahr für Jahr mehr im Nebel physischer Abwesenheit.

Manchmal, wenn ich morgens meine Behausung im ehemals jüdischen Viertel, der so genannten

»Spandauer Vorstadt«, verlasse, klingt mir schon auf leeren Magen »Auschwitz« in den Ohren. Dann steht eine kleine Touristengruppe vor der Haustür und lauscht dem mehrsprachigen Guide, der gerade wahrheitsgemäß erzählt, an dieser Stelle habe vor sechzig Jahren Regina Jonas gelebt, die erste Rabbinerin Deutschlands. Sie wurde, wie alle jüdischen Bewohner des Hauses, im Vernichtungslager ermordet. Eine Ecke weiter, in der Großen Hamburger Straße, teilt die goldene Aufschrift des schlichten Gedenksteins jedem interessierten Passanten mit, dass hier bis 1945 mindestens 55 000 Berliner Juden gewaltsam zusammengetrieben wurden, um in den Tod abtransportiert zu werden. Fast jeden Tag laufe ich auf dem Weg zum Einkaufen an diesem Stein vorbei.

Er verkörpert den Phantomschmerz, den die Zeit nicht heilen wird.

Im Übrigen aber dominiert ein abgeklärter, alltäglicher Pragmatismus, dessen verbliebener rebellischer Impetus fein und gezielt dosiert wird. Für die große Sache habe ich keinen Sinn mehr, auch wenn die Gefühle manchmal noch in die globale Umlaufbahn schießen und nach Höherem streben, meist in einer akuten Mischung aus heller Empörung und tiefer Melancholie.

Am ehesten ließe sich mein Verhältnis zur Welt mit jenem Blick vergleichen, den Harald Schmidt, durchaus ein Prototyp der Generation Z, allabendlich zur Schau stellt.

Ironie und Zynismus sind die erwünscht heiteren Nebenwirkungen seiner unbestechlichen, geradezu mikroskopischen Beobachtungsgabe, die ihre oft erschütternden Resultate dem Publikum ohne Rücksicht auf Verluste zum Fraße vorwirft.

Das tägliche Kunststück der Harald Schmidt Show besteht offenkundig darin, Affirmation und Negation derart subtil zu verbinden, dass der eigene Standpunkt nur noch als fliegender Beobachtungsposten zu identifizieren ist. Wirklich blamieren kann man sich da nur noch durch eine verpatzte Pointe oder eine hässliche Krawatte.

Die privilegierte Schreibtisch-Position, gleichzeitig dafür und dagegen zu sein, bedeutet, sich Freiheiten herauszunehmen, die die meisten anderen in schmerzhafte Selbstwidersprüche, schlimme Glaubwürdigkeitskrisen und ideologische wie familiäre Abgründe stürzen würden.

Doch die Freiheit nimmt er sich.

Bei Harald Schmidt erscheint die reine Verachtung in der bis zur Lächerlichkeit überzogenen Lobeshymne; andererseits wird noch in der ätzendsten Kritik dem Gegner ein Mindestmaß von Anerkennung und Respekt gezollt: eigentlich eine klassisch angelsächsische Übung im alltäglichen Überlebenskampf des freien Westens – hart in der Sache, unfair im Umgang, persönlich im Ton.

Ohne starke Beigaben ironischer Kontrastmittel, sarkastischer Kompressen und zynischer Infusionen, so die Botschaft, wäre schon ein einzelner Vormittag in Köln-Mülheim oder Hamburg-Harburg gar nicht auszuhalten.

Vielleicht ist das die erfolgreiche Geheimbotschaft des Entertainers, dessen Name selbst schon zu einer Zeitgeist-Metapher für das nach-autoritäre, lebensleichtere Deutschland geworden ist: Auch wer prinzipiell ja sagt, kann nein sagen. Auch wer dem Kaiser durchaus Sympathien abgewinnt, kann den Augenblick bemerken, in dem er nackt ist. Auch wer früher immer so und so gedacht hat, kann – und darf und soll – auch mal ganz anders denken.

Man könnte meinen vorläufig letzten Versuch, ein allerdings schon dramatisch abgemagertes Ideal zu formulieren, »pragmatische Rebellion« nennen, ein Aufbegehren von Fall zu Fall, einen individuellen und selbstbewussten Protest, der konservative, liberale und anarchistische Elemente in sich vereint, kurz: ein ziviles, pluralistisches Gesellschaftsverständnis, dem Anmaßung, Bürokratieherrschaft, Obrigkeitsdenken und autoritäres Chefgehabe so zuwider sind wie Kriechertum und Untertanengeist, auch wenn sie sich heute als Teil einer vermeintlich coolen Karrierestrategie tarnen.

So uralt solch trübe Erscheinungen auch sein mögen – für die Generation Z, die durchaus die erste, antiautoritär geprägte Generation in der Bundesrepublik genannt werden kann, sind sie immer wieder eine besonders hartnäckige, eher kleinteilige

Herausforderung, und wenn der Begriff der »Zivilcourage« nicht schon allzu sehr in die präsidiale Sonntagsreden-Rhetorik eingegangen wäre, dann könnte er die Sache, um die es geht, recht genau beschreiben: bürgerlicher Mut, ein demokratischer Mut der Vernunft, ein Mut zum Jasagen und zum Neinsagen.

Er könnte sogar den Kern einer bescheidenen, autobiographisch beglaubigten Lehre der Generation Z bilden, die sich so lange und intensiv mit der Frage herumgeschlagen hat, wie die Welt im Ganzen denn eigentlich aussehen sollte. Wenn sich die schlechte Wirklichkeit der Utopie widersetzte, so die damalige Logik, dann war natürlich allein die Wirklichkeit schuld.

Dass es auch an der Utopie gelegen haben könnte, wäre wahrscheinlich der erste kleine Erfahrungssatz der Generation Z.

Dies, so könnte die zweite Erkenntnis lauten, kann aber nicht heißen, dass im praktischen Umkehrschluss die Wirklichkeit zur Utopie erklärt wird – zum entrückten, unantastbaren, sakrosankten Ort.

Manchmal ist die Versuchung dazu freilich groß. Dann schlägt die eigene geschichtsphilosophische Erschöpfung in Tateinheit mit altersbedingter Besserwisserei und biographischer Selbstrechtfertigung in reflexhafte Abwehr um, in eine Verteidigung des Status quo, die unbestreitbar mit einer gewissen metaphysischen Müdigkeit zu tun hat.

Als sich die Anti-Globalisierungsbewegung bildete und ihre großen Auftritte von Seattle, Prag, Genua und Rom absolvierte, reagierte ich ähnlich wie der amtierende Außenminister: Joschka Fischer sprach von einem abgestandenen Vulgärmarxismus, der nun, frisch aufgewärmt, als neues Wundermittel zur Weltrettung dem staunenden Publikum präsentiert würde.

Doch bei aller zutreffenden Kritik an einer pseudorevolutionären Mimikry des Protests, der sich in teils schlichten Feindbildern und naiven Ganzheitsvisionen ergeht – die Älteren sind auch deshalb so empfindlich, weil sie ihre Erfahrungen, die durch die Bilder von Großdemonstrationen und Straßenschlachten aktualisiert werden, in doppelter und widersprüchlicher Weise bedroht sehen. Zum einen droht hier Konkurrenz fürs revolutionäre Geschichtsbuch, zum anderen rührt die mögliche Neuauflage einer Revolte an alte Wunden – so, als würde eine Kinderkrankheit wiederkehren.

Psychologisch rückt da manch einem etwas längst Überwundenes unangenehm auf die Pelle. »Die Kritiker der Elche waren früher selber welche« – diese zeitlose Weisheit ist bis heute in unzählige Toilettenwände geritzt, vor denen schon die Männer der Generation Z standen, als sie noch zu den allerstolzesten Elchen gehörten.

Selbstverständlich glaube auch ich, dass dieses laute, bunte, militante, globalnaive Neue im Grunde nichts aus den vergangenen zweihundert Jahren gelernt hat, schrecklich anachronistisch ist und nur die letzte Farce auf die vorletzte Tragödie aufführt.

Genau das aber hatten auch schon Helmut Schmidt, Gerhard Löwenthal und die BILD-Zeitung gesagt – zu mir, meinen Freunden und ihren verrückten Ideen: beileibe kein Argument, Kritik zu unterlassen (nichts ist schlimmer als gönnerhafter Paternalismus à la »Lass sie mal …«), aber eine Erinnerung daran, dass bestimmte Fragen von jeder Generation neu gestellt werden. Elchtest forever.

Dann aber gibt es wieder jene Augenblicke, in denen ich froh bin, dass ich nun schon zu den fortgeschrittenen Ex-Elchen gehöre. Als ich in der Zeitung las, der neueste UNESCO-Umweltbericht prophezeie eine dramatische Trinkwasserknappheit für etwa sieben Milliarden Menschen bis zum Jahr 2050, hatte ich nur einen einzigen wunderbar tröstlichen Gedanken: »Diese Katastrophe findet ohne mich statt.«

Nach all den Jahren mit Ozonloch und Klimakatastrophe, mit Öltankerhavarien und verseuchten Flüssen, Versteppung und Erderosion, Asbestvergiftung, Hormonkälbern, BSE, Tschernobyl, Waldsterben, Dünnsäureverklappung, Gletscherschmelze und Luftverpestung sei diese kleine Schwäche erlaubt.

Andererseits und halten zu Gnaden: Manchmal weigern sich die lange erwarteten Katastrophen einfach, pünktlich einzutreten.

Zu den mit Verve angekündigten Katastrophen, deren linearer Verlauf in Deutschland bis auf den letzten Baumstamm genau berechnet wurde, gehörte vor allem das Waldsterben (frz.: »le Waldsterben«). Laut wissenschaftlichen Modellszenarien von 1981 dürfte es den Schwarzwald seit mindestens zehn Jahren nicht mehr geben, und auch der Taunus müsste eigentlich verschwunden sein. Der Kölner Dom aber – Stichwort Klimakatastrophe, Abschmelzen der Polarkappen und Erhöhung des Meeresspiegels – würde seriösen Berechnungen zufolge in wenigen Jahren mitten in der Nordsee stehen.

Was die verseuchten Flüsse betrifft: In der schon totgesagten Elbe springt nun, neben abgehärteten älteren Damen und übermütigen deutschen Schäferhunden, wieder der Lachs herum – was vor allem mit dem unvorhergesehenen Zusammenbruch der DDR zusammenhängt.

Wäre es also, rein theoretisch, nicht auch denkbar, dass wegen anderer unvorhergesehener Entwicklungen die globale Trinkwasserkatastrophe in genau 47 Jahren doch nicht eintritt?

Das frage ich mich jedenfalls, der ich vor ziemlich genau 47 Jahren geboren wurde und daher einen winzigen zeitgeschichtlichen Überblick für mich beanspruchen kann.

Damals gab es weder holländische Öko-Tomaten noch norwegische UMTS-Handys, weder Computer-Inder noch vollautomatisierte Meerwasserentsalzungsanlagen – Stefan Effenberg und Bill Gates waren noch unidentifizierte Eizellen.

So besteht also doch noch Hoffnung für die Zukunft.

6. Von der Revolte ins Rentenloch: Die 78er als Augenzeugen der Zeitgeschichte

»Als Soraya noch Kaiserin von Persien war, habe ich schon gelebt!« – Lebenserfahrung gibt es wirklich: Ruhe und Gelassenheit im offensiven Mittelfeld – Wenn Empörung sich legt und Zufriedenheit nicht mehr verachtenswert ist – Die Schwierigkeit des Zeitzeugen, seine Zeit zu erklären – Werte der Generationen: Konflikt, Konsum oder Kuscheln? – Für die Sinnfrage ist es jetzt auch zu spät – Die Generation Z ist angekommen: Weisheit und natürliche Autorität, fast wie Herr Kaiser!

Manchmal ist es nur ein Blick in die Tageszeitung, der Moment eines Gesprächs oder die kurze Sequenz einer Zeitgeist-Show im Fernsehen, und schon ist es passiert: Ich erinnere mich an Ereignisse, die dreißig Jahre zurückliegen. Dreißig Jahre! Das heißt: Damals, in diesen unvordenklichen, prähistorischen Zeiten, als Soraya noch Kaiserin von Persien war, habe ich schon gelebt! Schlimmer noch: Ich war sogar schon ein bewusst denkendes und fühlendes, im Grunde also fast erwachsenes menschliches Wesen, damals, als Günther Netzer noch aus der Tiefe des Raumes kam, Franz Beckenbauer in der Gluthölle von Guadalajara selbst mit bandagierter Schulter souverän die Abwehr dirigierte und Uli Hoeneß auf Rechtsaußen abging wie ein Zäpfchen.

Herbert Wehner und Rainer Barzel lieferten sich gnadenlose Redeschlachten im Bundestag, Martin Walser sympathisierte mit der Deutschen Kommunistischen Partei, und Richard Nixon reiste zu Mao Tse-Tung nach China. Die Rockgruppe »Supertramp« wurde mit Hits wie »Dreamer« und »Crime of the Century« weltberühmt, George Moustaki flüsterte »Le Jugement Dernier« zur akustischen Gitarre, und Leonard Cohen trieb mit »Suzanne« komplette nächtliche Partyrunden beim selbst gemachten Käsefondue in die süße Depression des unwiederbringlichen Augenblicks.

All those sweet memories – doch dreißig Jahre sind ein böser Schock. Im Dezember saß ich in der Berliner Philharmonie und hörte Bachs »Weihnachtsoratorium«. Wann hatte ich es zum ersten Mal bewusst gehört? Es könnte sogar vierzig Jahre her sein.

Der Abgrund der Zeit lauert immer und überall. Wenn ich mit Simonetta, 28, im »La Rustica« sitze und die eine oder andere Anekdote erzähle, zucke ich manchmal noch in letzter Sekunde zusammen und unterlasse allzu genaue Orts- und Zeitangaben.

Allzu erschreckend scheint der Abstand der Jahre, allzu deprimierend das Gefühl, sich derart lange schon auf der Erdoberfläche herumzutreiben, ohne dass die Welt ein glücklicherer Ort geworden wäre.

Die Vorstellung, dass die gegenübersitzende Freundin gerade mal zwei Jahre alt war und im Strampelanzug an der Flasche nuckelte, als man selbst, schulterlanges Haar und ausgebeulte Jeans, eine Zeitschrift namens »Wir wollen alles« mit der dialektgefärbten Titelzeile »Jeder Stein, wo abgerisse, werd von uns zurückgeschmisse« in der Frankfurter Innenstadt verteilt hat, ist schon peinlich.

Doch es führt kein Weg daran vorbei: Plötzlich wachsen dem eigenen kleinen Leben rein zeitlich geradezu geschichtliche Dimensionen zu, die die bislang gültige, recht handliche Einteilung in Beziehungsphasen (Geli, Mona, Birgit) und berufliche Entwicklung (frei schwebend, freiberuflich, fest angestellt) einfach über den Haufen werfen. Auch die Orientierung an historisch misslungenen Urlaubsreisen, skurrilen musikalischen Phasen, längst überwundenen Essgewohnheiten und abgelegten Lieblingsjacken funktioniert nicht mehr so richtig.

Nun geht es um ganze Epochen der jüngeren und jüngsten Zeitgeschichte, nicht um den mühevollen und windungsreich chaotischen Weg vom desorientierten Erstsemester zum überzeugungsfesten taz-Redakteur, vom pubertierenden Wuschelkopf zum gut frisierten Verantwortungsträger mit Aktenkoffer und Diensthandy, vom schüchternen Jungen, der nicht wagte, nach dem Weg zu fragen, zum selbstbewussten Augenzeugen, der auch im Fernsehstudio bereitwillig Rede und Antwort steht, wie alles anfing mit ihm und den anderen Verrückten.

Als hätte ich, wie es bei den Großvätern der Fall war, noch eine persönliche Erinnerung an Kaiser Wilhelm II., so empfinde ich zuweilen den gruftig kalten Atem der vergangenen Jahrzehnte, die sich hinterrücks zusammenrotten und mir dann wie ein erratischer, geradezu versteinerter Block gegenüberstehen. Dreißig Jahre! Du lieber Gott! Fast ein halbes Leben.

Eben noch hatte ich doch vor Brokdorf gestanden und bei der Demonstration vor allem wegen der eisigen Kälte gezittert, weniger aus Angst vor der gewiss beeindruckenden Präsenz von Polizei und Bundesgrenzschutz; eben noch hatte der »Tunix«-Kongress in Berlin getanzt, der die Subversion des Nichtstuns feierte; eben noch war ich mit Freunden zum Gelände der geplanten Startbahn West gepilgert, um mir vor den aufgetürmten Stacheldrahtrollen und der martialischen Polizeikette Gedanken zu machen, wie weit der Mut den Widerstand wohl tragen würde.

Und eben noch war ich mit den Leuten von der SHI im Odenwald gewesen, um ein ganzes Wochenende lang über die Perspektiven der Sponti-Linken an der Frankfurter Uni zu diskutieren, wobei ziemlich viel gelacht, gegessen und getrunken wurde.

Eben noch, aber es ist ein Vierteljahrhundert her.

Unversehens bin ich zum Zeitzeugen geworden und muss ernsthaft befürchten, dass zum guten Schluss TV-Professor Guido Knopp auch mich noch in den Fernseh-Zeugenstand zerrt, wenn im ZDF dereinst letzte Hand an die zeitgeschichtliche Serie »Fischers feine Helfer« gelegt werden wird. Schon jetzt kommt es vor, dass ich zum bezahlten Vortrag über Teile des eigenen Lebens geladen werde, zum Streitgespräch über die »Junge Generation in der Orientierungskrise« oder zur Release-Party eines Buches mit dem Titel »Die Jungen, die Alten und der Krieg« – eine Veranstaltung, bei der der spanische Rotwein allerdings vorzüglich war.

Wie viele andere aus der Generation Z bin ich inzwischen zur notorischen Auskunftsperson geworden, zum Geschichtslehrer im Nebenberuf, zum Freizeitdozenten für Zeitgeist und Mentalitätsgeschichte – ein wandelndes Funkkolleg »Sozialer Umbruch«, Radio Trottoir in Aktion.

»Wenn der Senator erzählt …«, spottete einst Franz Josef Degenhardt in gesellschaftskritischer Absicht, aber auch ich beobachte mich zuweilen dabei, wie die Tendenz zum historischen Monolog überhand nimmt, gerade im Gespräch mit transzendental verunsicherten jungen Menschen auf der Suche nach dem Woher und Wohin.

Dabei geht es weniger um jenes alte Klischee von den warmherzig-wüsten Erzählungen aus dem Krieg, die längst schon auf das Niveau eines historistischen Nachkolorierens von Straßenschlachten und Hausbesetzerpartys herabgesunken sind, sondern eher um jene ominöse »Lebenserfahrung«, in deren Namen schon die Eltern die zarten Pflänzlein jugendlichen Überschwangs mit den Backsteinen der Altersweisheit eingemauert hatten.

Nun dämmert der Generation Z: Lebenserfahrung gibt es wirklich, und sie ist nicht einmal naturnotwendig reaktionär, pessimistisch oder phantasietötend. Das Entscheidende aber: Man kann ihr gar nicht ausweichen. Sie kommt über den arglosen älteren Menschen wie ein außergesetzlicher Zustand der Erkenntnis, und sie wirkt wie ein diskursiver Zwang zur profanen Erleuchtung.

Eigentlich ist es auch hier wie im Fußball: Erfahrung bringt Überblick – und, wenn es gut läuft, Ruhe und Gelassenheit im offensiven Mittelfeld. Bestimmte Wege, das weiß der erfahrene Champion, kann man sich sparen. Unnötigen, verletzungsträchtigen Zweikämpfen geht man aus dem Wege. Dafür muss im richtigen Moment der öffnende Querpass kommen, der die Raumaufteilung der gegnerischen Abwehr durcheinander bringt und die tödliche Gasse zum Tor frei macht. Alte Hasen wissen: Auf das Auge kommt es an. Der Kairos liegt im Sechzehnmeterraum. Klar: Entscheidend is' auf'm Platz.

Wie oft aber in meinem Leben habe ich schon geniale Steilvorlagen aus dummer Hast verstolpert und maßgeschneiderte Flanken vors Tor in ungesunder Hektik grandios versemmelt – wie oft habe ich etwa den Grundsatz missachtet, dass Schweigen und Abwarten erfolgversprechender sein können als blinder Aktionismus und leidenschaftliche Verbalakrobatik. Heinrich von Kleists »Michael Kohlhaas« sei unser ewiger Zeuge.

Und wie oft habe ich naiv der intimen Wahrheitsliebe gefrönt, jenem Relikt aus den guten alten Tagen immer währender Betroffenheit, als das authentische Leiden ebenso wie die spontan erlebte Freude stets wichtiger war als Stil, Takt und Rücksichtnahme auf Andersfühlende.

Heute teile ich besorgten Bekannten am Telefon schon mal taktvoll, aber wahrheitswidrig mit, es gehe mir prächtig, auch wenn nach dem nächtlichen Stromausfall zu Hause wütende Verzweiflung herrscht, weil Fax und Anrufbeantworter sich allen Versuchen einer Neuinstallation hartnäckig widersetzen und die rettende Bedienungsanleitung von Siemens selbstverständlich nirgendwo mehr aufzutreiben ist. Dass die Versuche, von der zuständigen Service-Hotline Hilfe zu bekommen, in den Wiederholungsschleifen eines österreichischen Call-Centers verendeten, erinnerte mich immerhin daran, dass Loriot einer der größten Philosophen unserer Zeit ist.

Die neue Coolness aber, die den alten »Betroffenheitskult« (Cora Stephan) weithin abgelöst hat, hält mich nicht wirklich davon ab, die kleinen Misshelligkeiten des Alltags bei Gelegenheit auch weiterhin ausführlich, zuweilen sogar recht ergreifend zu schildern. Diese persönliche Form der oral history, so viel weiß die moderne Psychologie, hat eine nicht zu unterschätzende emotionale Ventilfunktion. Für mich gehört sie zur psychischen Hygiene. Wenn das kleine private Ungemach erst einmal in die Welt posaunt ist, reicht schon ein kurzer Blick nach Afrika oder in die Fußgängerzone von Bielefeld, um die eigenen Lebensverhältnisse wieder zurechtzurücken und in hellem Licht erstrahlen zu lassen – ein wichtiger Beitrag zum positiven Denken.

Im Übrigen gibt es nichts daran zu deuteln: Durch Lebenserfahrung gereift, weiß ich inzwischen vieles besser als früher, auch wenn ich das Hohngelächter aus der Kulisse schon höre. Ja, ja. Aber es stimmt. Und es stimmt, was schon die alten Griechen wussten: »Du bist zufrieden, wenn du weißt, was gut und schön ist.«

Plutarch hat schon vor bald 2000 Jahren herausgefunden, dass »bei Verdrießlichkeit, bei einem Zorn, der anhält«, ein »Schaden in der Seele« entsteht, eine »Reizbarkeit, die Jähzorn, Bitterkeit und üble Laune nach sich zieht«. Und jede Menge psychosomatischer Krankheiten, wie wir heute wissen.

In der »Ruhe des Gemüts«, so meinte der alte Makedonier – ähnlich wie Jahrhunderte zuvor schon der leidenschaftliche Kaltwasserbader Seneca –, liege die wahre Kraft des Lebens. Plutarch war Philosoph, Priester und Politiker. Der gute Mann wurde 88 Jahre alt.

Nun gehörte das ständige Aufgeregtsein gerade zu den Grundbefindlichkeiten der Generation Z, und die Seelenruhe, ja die Gleichgültigkeit der meisten Bürger etwa im Angesicht des drohenden ökologischen Untergangs und der schweren sozialen Entfremdung an deutschen Universitäten erregte sie nur noch mehr.

Doch auf dem langen Weg von der Revolte zum Rentenloch hat sich das Gemüt allmählich beruhigt. Ich merke es vor allem daran, dass mein spezifischer Aufregungs- und Empörungspegel in ganz unterschiedlichen Lebenssituationen messbar gesunken ist.

Nur noch in begründeten Ausnahmefällen glaube ich, dass unbedingt jetzt und sofort etwas unternommen werden müsse. Zuweilen lasse ich die Sache ganz auf sich beruhen. Auch vermeintlich dringende Angelegenheiten wie der Sturz einer Regierung und das Beziehungsgespräch mit Sandra unterliegen dem physikalischen Gesetz der Entropie. Einige Dinge erledigen sich irgendwann von selbst.

Dieser Befund gilt für die politische Sphäre wie für die individuelle Katastrophenabwehr, aber auch für das ganz normale Privatleben.

Der jahrzehntelange Beobachtungs- und Vergleichszeitraum, den die Generation Z für sich in Anspruch nehmen kann, hat sich inzwischen derart ausgedehnt, dass eine ziemlich belastbare Urteilssicherheit entstanden ist, die sich nicht mehr so schnell aus der Bahn werfen lässt: Wertendes Abwägen, abschätzende Extrapolation, ein Gefühl aus dem Bauch, das seltener trügt als früher. Die Ruhe nach dem Sturm. Manchmal auch: die Demut nach der Anmaßung, Skepsis nach der Sehnsucht.

Inzwischen bin ich schon sehr zufrieden, wenn ich zu wissen meine, was gut und schön ist – und was nicht.

Doch in der Rolle des Freizeitdozenten und Zeitzeugen kann es darüber zu neuen Irritationen kommen, vor allem dann, wenn der geschichtliche Vortrag durch unvorhergesehene Verständnisfragen aus dem Konzept gebracht wird.

»Warum wolltet ihr denn damals eigentlich nichts für die Fahrt mit der Straßenbahn bezahlen?«, fragte Simone unschuldig während eines schönen Spaziergangs durch den Vordertaunus. Ich hatte gerade von dem einwöchigen Aufruhr in Frankfurt berichtet, der bei den örtlichen Veteranen der Generation Z als »FVV-Kampf« in die Annalen einging.

Sie konnte nicht wissen, dass die Parole des Protests gegen die Fahrpreiserhöhungen des einstigen »Frankfurter Verkehrsverbundes« (FVV) im Mai 1974 einer strikt materialistischen Logik folgte: »Fahrtzeit ist Arbeitszeit! Nulltarif für alle!« Die plötzlich überall aufgestellten blauen Fahrkartenautomaten wurden als Teil des ausbeuterischen Systems erkannt, als weithin sichtbare Trutzburgen jener »strukturellen Gewalt« (Herbert Marcuse), gegen die es sich zu wehren galt. In einem Wort: Die Kapitalisten und ihr Staat sollten für die Anfahrt zur Maloche blechen. Punkt. Aus.

Das leuchtete damals sogar Hausfrauen, Arbeitslosen und Rentnern ein. Simone aber beharrte auf der bürgerlichen Logik ihrer jungen, ideologisch unbescholtenen Jahre: Straßenbahn fahren kostet Geld, also muss die Fahrkarte von dem bezahlt werden, der mit der Straßenbahn fährt, Preiserhöhungen inbegriffen.

Diese positivistische Betrachtungsweise des öffentlichen Personennahverkehrs im Spätkapitalismus hatten damals auch meine Eltern vertreten.

An einem langen Samstag – ich hatte gerade auf einem Betonkübel vor »Hertie« strategisch Posten bezogen, um die aufgezogenen Wasserwerfer keine Sekunde aus den Augen zu lassen – versuchte mein überraschend auftauchender Vater sogar persönlich und handgreiflich, mich vom sinnlosen Tun abzubringen. Ergebnis des öffentlichen Generationen-Gerangels: ein abgerissener Knopf an der schwarzen Lederjacke und ein unendliches Gefühl von Peinlichkeit, nachdem meine Mutter, mit Einkaufstüten beladen, auch noch etwas von »Linsensuppe mit Rindswürsten« erzählt hatte. Zu Hause, so die unmissverständliche Botschaft, lockt der verführerische Duft einer gutbürgerlichen Existenz. Allein, es war vergeblich. Das wirklich Schlimme aber: Die umstehenden Freunde und Genossen waren Zeugen dieser schrecklichen Szene geworden.

So hatte der Wille zum Kampf gegen die Fahrpreiserhöhungen ein Motiv mehr.

Ich bemühte mich auf dem schönen Waldweg unterhalb des »Fuchstanz« eine ganze Weile, Simone die Logik des Nulltarifs zu erklären und die Frage zu beantworten, warum damals eigentlich mitten in der Frankfurter City Schienen zubetoniert, Pflastersteine auf Polizisten geworfen, Automaten geplündert und Straßenbahnen zum Entgleisen gebracht wurden – ein surreales Szenario, das die Haupteinkaufsstraße »Zeil« Nachmittag für Nachmittag in ein unvergessliches Knüppel-Wasser-Tränengasgemisch tauchte. Doch es wollte mir nicht gelingen.

Meine Erinnerung spaltete sich in zwei Teile: Der eine war sentimental und wehmütig, der andere konnte selbst nicht mehr schlüssig erklären, wie es überhaupt so weit hatte kommen können. Der eine hatte noch Straßenszenen wie aus einem Film im Kopf, der andere fand das dazu passende Skript nicht mehr, das er zwanzig Jahre später überzeugend hätte vortragen können.

Nur eines war klar: Diese Geschichte saß tief. Viele Jahre lang hatte ich die Logik des Nulltarifs derart verinnerlicht, dass mir nur in Ausnahmefällen in den Sinn kam, wertvolle Münzen in den Automatenschlitz zu werfen, bevor ich mich in die U-Bahn setzte. Auch dann noch, als ich schon gut verdiente. Es kam mir stets wie reine Verschwendung vor. Dass dies strafwürdiges »Schwarzfahren« sein sollte, wollte mir lange nicht wirklich einleuchten. Meine Moral stammte diesbezüglich immer noch aus dem Jahr 1974.

Die denkwürdige Taunus-Episode war eine Lehre für den überforderten Freizeitdozenten: Manchmal scheitert die oral history auch an ihrer vorzüglichen Eigenschaft, der »Authentizität«. Bestimmte historische Begebenheiten können vielleicht überhaupt nur mit größtmöglicher Abstraktion (manchmal also gar nicht) verständlich gemacht werden, weil sie im Grunde selbst aus der theoretischen Abstraktion geboren worden sind – so wie die Logik des Nulltarifs, die eben nur in einem ganz bestimmten Augenblick die Massen ergreifen und revolutionäre Leidenschaften entfachen konnte.

Für die heute 18- bis 21-Jährigen müssen solche Ereignisse, so anschaulich, farbig und wahrhaftig sie auch von den freiwilligen Gesellschaftskundelehrern der Generation Z geschildert werden, wie Erzählungen aus einem anderen Zeitalter der Menschheit erscheinen.

Die »Generation Kuschel«, so wird die entsprechende Alterskohorte in einer aktuellen Studie des Kölner »Rheingold«-Instituts für qualitative Markt- und Medienanalysen genannt, hat mit Kampf und Konfrontation gar nichts im Sinn. Im Gegenteil: Sie hat eher Angst vor der zerklüfteten, unüberschaubaren gesellschaftlichen Realität und sucht Halt und Orientierung in »symbiotisch wuchernden Bindungs- und Interessengeflechten« – nicht mehr in gewalttätigen Auseinandersetzungen mit der Polizei und utopischen Entwürfen von einer ganz anderen Welt.

Das sensationell Neue aber, das dieses Mal meine Vorstellungskraft übersteigt: Die Eltern sind mittendrin im Beziehungsgeflecht, sie sind Freunde, Kumpel, fast Geschwister. »Wenn ich nichts Besseres vorhabe, gehe ich mit meinem Vater in die Disco«, sagt einer von den sanften Jungen. Nicht zu fassen, kaum zu glauben.

Rebellion, Ideologie und Autoritätskonflikt, so scheint es, sind zu Fremdwörtern aus einem anderen Jahrhundert geworden, und von der vermessenen Vision vorhergehender Generationen, Geschichte »machen« zu können, ist, so die Kölner Studie, eine eher kleinmütige »Lebens- und Gestaltungsangst« übrig geblieben. Da bleibt man lieber gleich zu Hause.

Nur zu verständlich, dass »Sicherheit« und »Erfolg« die eigentlichen Erlösungsworte der »Generation Kuschel« sind. Das »Hotel Mama« jedenfalls lockt auch jenseits der Linsensuppe mit Wäschedienst, Tiefkühltruhe, Designercouch und DVD auf Panasonic – eine Wohngemeinschaft der anderen Art. Sie ist praktisch und preiswert, man kennt sich und versteht sich. Der runde Tisch beim gemeinsamen Abendbrot wird zur generationsübergreifenden Lebensform.

Es ist nicht mehr die schwer fassbare Sehnsucht nach einer noch zu entdeckenden wilden Freiheit, wie sie einst Janis Joplin in ihrem berühmten Popsong »Freedom is just another word for nothing left to lose« besang, die den tiefsten Beweggrund der neuesten Jugend verkörpert – ihr »Ideal ist die Einlieger-Wohnung« in der Villa der Eltern, eine offenbar zeitgemäße Vorstellung vom glücklichen Leben. Frei ist man sowieso.

Schon die zehn Jahre ältere »Generation Golf«, die sich samstags in der Badewanne samt Quietscheente auf den gemütlichen »Wetten, dass …?«-Abend mit 40-minütiger Überziehungsgarantie vorbereitete, konnte nichts mehr mit der merkwürdig kämpferischen Subkultur der siebziger Jahre anfangen, als das Reich des Eigenen noch irgendwo rund um den lodernden Globus gesucht wurde und nicht beim Cocooning auf dem Sofa im heimischen Nest.

Umgekehrt irritierte mich stets die stupende Energie, die die gut zehn Jahre Jüngeren auf die Auswahl ihrer Klamotten verwandten – bis zu den kleinsten Accessoires. Und die Schuhe! Wie die immer glänzten. Noch heute, trotz längst angeschaffter Donna-Karan-Hose und Joop-Pullover, fühle ich mich im Kreise der Business-Anzugträger oft wie ein ästhetisch Übriggebliebener aus längst vergangener Zeit.

Im Abstand der Jahre zeigt sich die Abfolge der Generationen in der deutschen Nachkriegsgeschichte – der »generation switch« – in beeindruckender Klarheit und baumringähnlicher Tiefenschärfe: Die 68er, die im Jahr 2003 ihr 35-jähriges Dienstjubiläum feiern können, revoltierten gegen ihre Eltern und deren vermeintlich reaktionär-spießbürgerliche Welt – gegen jene Kriegsgeneration, aus der auch die Nazi-Mörder kamen. Die Revolution war auf der Tagesordnung, die »alte Scheiße« (Karl Marx) musste weggefegt werden.

Die 78er, die jüngeren Brüder und Schwestern aus der Generation Z, lebten schon in der alternativen Etappe dieses merkwürdig erhitzten »roten Jahrzehnts«, wie der Historiker Gerd Koenen »unsere kleine deutsche Kulturrevolution« genannt hat. Die siebziger und frühen achtziger Jahre waren ihr Abenteuerspielplatz, auf dem munter mit Ideen und Visionen gespielt wurde: Mal waren es Backförmchen, mal scharfe Waffen, mal der große Traum von Glück und Abenteuer, mal die kleine Flucht aufs Land.

Dahinter drängten schon die so genannten 89er, die abwechselnd als »Generation Berlin«, »Internet-Generation« oder »Generation Golf« getauft wurden. Sie wuchsen im Schatten der kleinen und großen ideologischen Schlachten des zwanzigsten Jahrhunderts auf, von denen sie nichts mehr wissen wollten. Madonna und nicht Marx hieß ihr Leitstern. Ihre Glanzzeit waren die neunziger Jahre, als das Surfen im Internet das Trampen und die E-Mail den Briefverkehr ersetzte und die New Economy boomte. Nun aber, da die wirtschaftliche Krise allgegenwärtig geworden ist, stehen die heutigen Mittdreißiger vor Existenzfragen, die sie sich nie hätten träumen lassen. Es geht nicht um eine dunkle oder heroische Vergangenheit, die bewältigt werden müsste, nicht um Demokratie oder Diktatur, Aufbruch oder Untergang, sondern um die unmittelbare Zukunft, die profane Gegenwart des nächsten Tages.

Der aber scheint vielen merkwürdig leer und schwer zugleich, voller Spannung, doch ereignislos, wie ein unbeschriebenes Blatt im Sturm des globalisierten Alltags, der nun sein anderes, weniger glänzendes Gesicht zeigt.

Die schon Literatur gewordene Geschichtslosigkeit, ja Harmlosigkeit der heute Dreißigjährigen war ihr Startkapital. Unbelastet von politischem und ideologischem Gepäck konnten sie die Chancen der neuen Zeit nutzen. Sie tanzten auf der Tabula rasa, waren auf Du und Du mit dem Dax und huldigten Nemax und Nasdaq. Nicht die Geschichte, der Erfolg schien machbar.

Jetzt aber könnte sich die grenzenlose Flexibilität auch als Handicap erweisen, als schmerzhafte Haltlosigkeit. Der postideologische Pragmatismus, der in seiner börsennotierten Zuspitzung zuweilen selbst etwas Ideologisches und Fetischhaftes hatte, zeigt sich hilflos und desorientiert, wenn die böse Geschichte ganz unerwartet zuschlägt.

Dramatisch fallende Börsenkurse und der Schock plötzlicher Arbeitslosigkeit, bislang unvorstellbare Terrorattacken wie am 11. September 2001 und Präventivkriege wie am Persischen Golf haben die Idee einer gemütlichen Posthistoire, einer an die überlieferte Paradiesvorstellung angelehnten Ruhezone der Geschichte dramatisch widerlegt.

Die eigentümliche Mischung aus Workaholic-Wirbel im Büro und Chill-out im Club war endgültig vorbei. Die Angst kehrte zurück, die Furcht vor dem Verschwinden, vor der erschreckenden Bedeutungs- und Ziellosigkeit der eigenen Existenz.

Sosehr Deutschlands jüngere Geschichte aus der ersten Hälfte des vergangenen Jahrhunderts sich als

Fluch des Bösen erwiesen hat, das nicht vergehen will, so misslich kann auch der Fluch des Guten sein, nie irgendetwas Böses getan zu haben außer der Begeisterung für die falsche Marke des Füllfederhalters oder ein ästhetisch verunglücktes Take-That-Poster im Kinderzimmer.

Böse Folge: Es gibt kaum Lebenserfahrungen mit gesellschaftlichen Brüchen, sozialen Konflikten und harten persönlichen Konfrontationen. Doch erst in solchen Auseinandersetzungen formt sich so etwas wie Identität und Selbstbewusstsein. Frei nach Lenin lautet die Frage nach wie vor: Wer, wofür, gegen wen – und warum eigentlich?

Was die Generation Z, in unterschiedlichsten Ausprägungen, viele Jahre lang versucht hat – die Ich-, Wir- und Weltfindung –, das verschafft ihr womöglich auf die alten Tage einen leichten biographischen Vorsprung in Fragen der globalen Wetterfestigkeit.

Ihre Grunderfahrung seit der Pubertät – Krise ist immer – hilft dabei.

Ein zünftiger Generationenkonflikt, eine reelle Straßenblockade, eine Nacht in Untersuchungshaft auf der harten Holzpritsche – das hat noch keinem geschadet! So höre ich mich jugendpädagogisch bramarbasieren – doch rufe ich mich sogleich selbst zur Ordnung. Schluss. Aus. So geht's ja nun nicht.

Denn immer wieder kommt die Erinnerung: »Ein bisschen Kampf hat noch keinem geschadet. Vielleicht muss erst wieder ein Krieg kommen. Ihr habt ja nicht gehungert. Ihr wisst es ja nicht besser. Es war nicht alles schlecht.«

Das waren die Sprüche vor dreißig Jahren.

Alles in allem jedoch fühle ich mich in der unvermeidlichen Generationenfolge gar nicht so schlecht vorbereitet für die Herausforderungen der Zeit.

Erlebnis, Erfahrung, Erinnerung – jene geheimnisvolle Trias, die eine Biographie ausmacht, liefert eben auch ein Mindestmaß an Orientierung und Selbstvertrauen.

Unterdessen hat sich die berühmte Sinnfrage erledigt.

Wer jetzt, tief in seinen Vierzigern, immer noch nicht weiß, was ihm sein Leben bedeutet, dem wird es kaum gelingen, es noch herauszufinden.

Die nächsten dreißig Jahre, so sehe ich es jedenfalls, wenn die Frühlingssonne scheint, sind im Wesentlichen dazu da, das Leben zu genießen, Weisheit zu verbreiten und Glück zu teilen.

Ein kleiner Vorschein auf die viel versprechende Zukunft wurde mir jüngst zuteil, als ich am Hackeschen Markt wie aus dem Nichts von einer jungen Frau angesprochen wurde. Ob ich denn bereit wäre, an einem Casting teilzunehmen, fragte sie ganz unvermittelt. Ein Casting? Wofür? »Für die ›Gelben Seiten‹, ein Werbeplakat, das zum Beispiel an Bushaltestellen hängt.« Wie bitte?! Natürlich lehnte ich das seltsame Angebot ab, doch ein paar Schritte weiter nahm ich den Augenblick schon wieder positiv. Was für ein Gedanke!

Mein Konterfei an den Bushaltestellen Berlins, wenn nicht der Republik!

Es muss an der Ausstrahlung liegen, sagte ich mir. An der Ruhe des Gemüts. An der freundlichen Gelassenheit der besten Jahre. An der Vertrauenswürdigkeit. An der Lebenserfahrung. Am Überblick. An der natürlichen Autorität.

Ein bisschen fühlte ich mich in diesem Augenblick wie Herr Kaiser von der Hamburg-Mannheimer.

Mit einem Mona-Lisa-Lächeln bog ich in die Sophienstraße ein. Die Generation Z ist also doch noch angekommen.

Wir, Gott und die Welt: Wer nun, was nun?

Ein Nachwort

Es fing schon vor ein paar Jahren an, doch nun kommt es immer häufiger vor.

Wenn ich mich, selten genug, für ein oder zwei Tage in meiner Geburtsstadt aufhalte, zieht es mich an die Stätten meiner Kindheit. Zu Fuß umkurve ich dann die alte Grundschule und gehe den Schulweg zurück nach Hause, in die ehemalige Wohnsiedlung einer gewerkschaftseigenen Baugesellschaft, die Ende der fünfziger Jahre zwischen Feldern und Kleingärten im Grünen errichtet wurde. Längst ist der alte Bauernhof samt Schweinestall verschwunden, dessen Jauche-Rinnsal den Weg zur 1. Stunde so duftstark kreuzte, und auch den Kiosk gibt es nicht mehr, an dem die Kinder voll Ungeduld und naseweis für die kribbelbunten Brausetütchen anstanden.

Doch es genügen ein paar Schritte, und schon fällt der Blick auf die grüne Wiese der Kindheit, ein Dorado der unbegrenzten Freiheit, das in der sentimentalen Rückschau ein geradezu unwirkliches Licht ausströmt.

Im Sommer wurde bis zur Erschöpfung gerannt, gerauft und Ball gespielt, im Winter – ja, damals gab es noch Winter – entstanden beeindruckende Iglus, die zuweilen wochenlang jeder Witterung standhielten und bei den unvermeidlichen Schneeballschlachten aller gegen alle zur romantischen Schutz- und Trutzburg wurden. Es gab einen Spielplatz mit Rutsche, Spielgerüst und Sandkasten; daneben stand ein Birnbaum, auf dem mit Inbrunst herumgeklettert wurde. Ein naher Mirabellenbaum lieferte zusätzlich Abwechslung beim Streuobstverzehr, und die Kirschbäume in den benachbarten Gärten waren immer wieder Ziele mutiger Expeditionen ins Reich des Verbotenen. Von wilden Brombeeren, Johannisbeeren und grünen Bohnen ganz zu schweigen.

Doch spätestens mit Anbruch der Dämmerung erklangen von allen Balkonen die mütterlichen Rückhol- und Ordnungsrufe: »Rüdiger! Essen!« – »Wolfgang, jetzt ist aber Schluss!« – »Tatjana, bring die Schaufel mit!« – »Rüdiger!!!« Ich sehe mich noch, wie ich in meinen kurzen Lederhosen schwungvoll den Balkon der Erdgeschosswohnung erklomm und schon damals auch kleinere Schürfwunden sofort behandeln ließ. Früh übt der Hypochonder.

Vierzig Jahre ist das jetzt her, und riesengroß steht die Indianerfrage im Raum:

Was ist eigentlich in der Zwischenzeit passiert? War da was? Und hat es sich gelohnt?

Was ist aus der spielerischen Unschuld geworden, was aus den großäugigen Vorstellungen von der Zukunft – was aus der großen weiten Welt, die man mit den Freunden erobern wollte, und was aus den intimen Orten des geheimen Einverständnisses, als beim

Kartoffelfeuer unterm Apfelbaum oder im »Alten Hut« am linken Mainufer alles so wunderbar schien im warmen Schummerlicht der Geborgenheit?

Oder war es das schon: vom Birnbaum zum Berufsbeamtentum, vom Kirschenklau in Nachbars Garten zur Karriere bei ProSieben?

Während ich immer noch vor der grünen Wiese meiner Kindheit stehe und genau erkenne, dass die rostigen Wäschestangen, zwischen denen wir früher stundenlang »Stango«-Handball gespielt hatten, noch dieselben sind wie vor vierzig Jahren, spüre ich ganz deutlich: Vor diesem Bild verblassen alle mühseligen Stationen des Erwachsenenlebens, all die Irrungen und Wirrungen auf dem Weg, jemand zu werden, eine Person, »ein Mensch«, wie die Väter der Generation Z gerne sagten, am besten ein tüchtiges und erfolgreiches Exemplar der Gattung.

Und irgendwie hat man es ja geschafft. Wer mit Mitte vierzig einen tabellarischen Lebenslauf formulieren muss, um bei einem künftigen Arbeitgeber Eindruck zu machen, staunt womöglich selbst über die präzise Folgerichtigkeit seines eigenen Lebenswegs. Da griff eins ins andere, keine Lücke nirgends, alles Mühen und Trachten war immer schon auf das große Ziel ausgerichtet.

Es gehört zu den großen Wundern des Lebens, dass sich die eigene Biographie in der Rückschau formt wie eine Tonvase auf dem Drehtisch – es sei denn, es gab wirkliche Katastrophen oder ein dramatisches Scheitern an den eigenen Ansprüchen, das keine Beschönigung durch eine altersmilde Betrachtungsweise duldet.

Da schrumpfen ganze Jahre voller Ratlosigkeit und verzweifelter Suche nach dem Sinn des Lebens auf den schönen Posten »Freie Mitarbeit bei ...«, da werden zählebige Minderwertigkeitsgefühle und andere Neurosen unter »alternative Lebensexperimente« abgebucht, die am Ende auch noch ihren Niederschlag in zweifelhaften Publikationen finden.

Was vorher als eine chaotische Ansammlung von Holzwegen erschien, die nur durch den guten Willen konzeptionell zusammengehalten wurden, wirkt nachher wie ein hochinteressantes und zielgerichtetes Patchwork, das überhaupt erst die Qualifikation und Kompetenz des kreativen Individuums ausmacht. Motto: Wer den Dschungel kennt, findet sich überall zurecht, auch im Organigramm multinationaler Konzerne.

Schon in den achtziger Jahren, als das »vernetzte Denken« so cool wurde wie Tecquila Sunrise und die »Neue deutsche Welle«, hörten viele 78er mit gebrochener Arbeitsbiographie und ungewisser Zukunft, genau das sei es doch, das Schräge, ein Stück weit Kaputte, Unfertige, letztlich Interdisziplinäre und Phantasiebegabte.

So füllten sich die Redaktionen, Verlage, Funkhäuser und Werbeagenturen mit Leuten, die sich selbst niemals eingestellt hätten. Was die 68er noch als »Marsch durch die Institutionen« propagierten, das funktionierte bei der Generation Z wie ein sanfter Sog, den die Wirklichkeit auf die Zaungäste der verlorenen Illusionen ausübte. Die Zeit zum Schlüpfen war einfach reif.

Nun, da die Medien- und Werbeprofis der Generation Z sich allmählich selbst aus der angeblich einzig relevanten Zielgruppe der 14- bis 49-Jährigen herausschießen müssten, dämmert ihnen, dass sie ja gerade erst auf dem Höhepunkt ihres wahren Menschseins angelangt sind. Sie lachen über Harald Schmidt, dessen Haupthaar in den letzten Jahren auch nicht voller geworden ist, konsumieren Premium-Produkte, gehen fleißig ins Fitness-Center, arbeiten hart und versuchen unermüdlich, Aufklärung und Hedonismus zur Synthese einer fortgeschrittenen Lebenskunst zu verbinden. Es wäre kein Wunder, wenn die Definition der konsumentscheidenden Zielgruppe demnächst altersmäßig nach oben korrigiert würde.

Doch es bleibt dabei: Das Älterwerden ist eine Zumutung für die Generation Z, die sich im Innersten nach wie vor unbesiegt und eigentlich wie Mitte dreißig fühlt.

Der skandalöse Tatbestand, nie mehr zwanzig sein zu können, kulminiert in der tragischen Erkenntnis, wie begrenzt die Möglichkeiten des eigenen Lebens sind.

Auch die 78er, die ständig über Gott und die Welt

debattiert haben und nahezu alles auf den Kopf stellen wollten, müssen nun einsehen, dass sich dadurch nicht allzu viel verändert hat – außer der eigenen Wahrnehmung von Gott und der Welt.

»Es ist viel passiert«, singt Nena, und sie hat ja Recht: Es ist viel passiert in den letzten vierzig Jahren, und was hätte man wohl gemacht ohne all die schönen zeitraubenden Umwege?

Aber vieles andere ist nicht passiert. Manchmal war man nah dran, zuweilen hatte man nicht einmal eine Ahnung, dass es da überhaupt etwas gab, oft hat man es auch nur verbaselt, versäumt, verpasst – aus Daffke, Angst, Trägheit, Ungeschick oder weil der Wecker nicht klingelte. Egal.

Nun ist die Lage da. Sie schreit geradezu nach strategischer Optimierung. »Lebensqualität« hieß das in der Ära Willy Brandt. Aus der Zumutung von heute wird die Herausforderung von morgen. Man darf die grüne Wiese nur nicht aus den Augen verlieren. Deshalb gehe ich mit erstaunlich leichtem Gepäck in die kommenden Jahre. Etwas Besseres als die nächste Gesundheitsreform werde ich auf jeden Fall finden. So viel Glück muss sein.